U0514113

中书

刘咸炘 著

四川文艺出版社

　　刘咸炘（1896-1932），字鉴泉，号宥斋，书斋名曰"推十"，四川双流人。自幼承家学陶冶，从父、兄授读，1916年学成，尤擅史学，教于尚友书塾。历任成都敬业学院、成都大学、四川大学等校系主任或教授。善学善教，著述近一千万字，总名《推十书》。

目　录

序

　　《中书》之名，对左、右《书》而言也。《左书》曰知言，《右书》曰论世，如车两轮，《中书》则其纲旨也。壬戌八月，始集十一篇印行。其目：一、《知言论世》；二、《明统》；三、《本官》；四、《言学》；五、《经教》；六、《左右》；七、《纵横》；八、《故性》；九、《正命》；十、《流风》；十一、《流风余义》。其后复有《学纲》《一事论》，又糅贯《言学》《经教》而增之为《认经论》。继作《医喻》《广博约》。丁卯年十二月，乃合而更定之。移《故性》《正命》入《内书》；除《流风余义》；删合《知言》《论世》及《明统》为《三术》；修改《左右》《流风》；扩《纵横》为《同异》。共为十篇刊之。

刘咸炘自记

三　术

刘咸炘曰：咸炘，读书人也。读五经、诸记、四子书，读司马迁、班固以降之书，读汉、晋、唐、宋之篇翰，旁及小说、词、曲亦读焉。读之之法，出于会稽先辈章实斋。实斋之言曰："读其书，知其言，知其所以为言。"人知《易》为卜筮之书，孔子读之而知作者有忧患；人知《离骚》为词赋之祖，司马迁读之而悲其志。孔子曰："夫言岂一端而已哉，夫各有所当也。"又曰："辞也者，各指其所之。"此其所以知《易》也。司马迁曰："好学深思，心知其意。"此其所以知屈原也。孔子论《春秋》曰："其文则史，其义则丘窃取之矣。"司马迁曰："《春秋》推见至隐，《易》本隐以之显。"孟子，学孔子者也。其言曰："说《诗》

者不以文害辞，不以辞害志。以意逆志，是为得之。"
又曰："颂其诗，读其书，不知其人可乎？是以论其
世，是尚友也。"《书》曰："诗言志。"《诗序》
曰："主文。"夫显者，言也，文也，辞也；隐者，义
也，志也，意也。许慎曰："词言外而意内也。"何以
知其言？曰，知其志。何以知其志？曰，知其人。何以
知其人？曰，论其世。不知其志而欲知其言，逐流失而
不见源起，故学术门户水火而莫衷于一是也。不论其
世而欲知其志，不设身而处地，徒苟深而不精析，无
资于法戒也。汉学、宋学虚实之相乘，宋人、明人习尚
之互易，孰不以是哉。盖人之有言也以志，其有志也以
世。贤圣立言无泛论是非者，故曰，古人不离事而言
理。孔子不当文胜之世，不于言礼之外又言仁。孟子
不当功利之世，不于言仁之外又言义。不然，则是尧
非桀，雷同誉毁。是尧非桀何取乎立言？雷同誉毁何
取乎知人？读书者多而知言者少，知人者多而论世者

少。有文义明白而熟视无睹者，《伯夷列传》是也；有当时论定而忽焉不察者，嵇、阮是也。要之勿增所无以为有，勿泥其显而忽于微，勿执己见以强合之，勿持阔论以概讥之，泾清渭浊不混也，郢书燕说无取也。诚如是，得者十六七矣。

《孟子》之论知言也，曰："诐辞知其所蔽，淫辞知其所陷，邪辞知其所离，遁辞知其所穷。"所以知之者，盖建中以为极，而纵横以观变。持衡以观之，则本低而剽昂本、剽见《墨经》者显矣，此横以观其端之道也；引绳而视之，则失毫厘而差千里者见矣，此纵以观其端之道也。后之儒者，则知横观其偏正而不知纵观其源流，故惟知定上中下之格，而不知循始中终之序；惟知九等人表之法，而不解于老、韩，王、贡合传之义。此论之所以邻刻而多争也。善观源流者，无择于远近。蛛丝马迹，近而相贯；松苓龟蓍，远而相接。《淮南》曰，上有贞松，下有茯苓；上有蓍草，下有灵龟。

章先生之书，至精者一言，曰："为学莫大乎知类。"刘咸炘进以一言曰，为学莫大乎明统，明统然后能知类。类族辨物，必本于四象两仪也。请略举学文所得以明之。诸子统于老、孔，校雠论文统于《七略》，史法统于三体，诗派统于三系。明于老、孔而后诸子之变可理；明于《七略》而后四部可治，文体可辨；明于三体而后史成体；明于三系而后诗合教。宋儒能知诸子之非而不归统于老、孔，故武断而不信。纪昀能理后世之四部，姚鼐、曾国藩能分后世之文体，而不归统于《七略》，故偏漏而不完。后更不知究《尚书》《春秋》、纪传之变，故劳于整齐而不能立言；诗家不知究《风》《雅》《颂》《骚》之别，故逐于韵藻而不能达志。文诗，艺事耳。唐前文派，包世臣、李兆洛发之；三系之说，钟嵘明之。包、李之前，钟之后，谈诗文者多矣，门户角逐，迷误后学，皆不明统之故也。小说列于九流，词曲衍于《诗》《乐》，而后世不知，故无宗旨而不成。书，小道也，而世臣独以善论书称，以其明统也。统莫大于六艺。六艺者，《七略》之纲，老之所传，孔之所定。三体三系，又六艺之一也。子莫超于庄周，而《天下》一篇，首论六艺；史莫工于马迁，而《序》论《易》《春秋》之隐显。故章先生之明六艺，其功伟矣。学譬如屋焉，诸学专门之精，犹之楹柱榱栌，各有其用，蔽不自见；苟见，其各有所安。不饰其短而没其长，不强所不知而自大所知。如居屋中而目周四隅，大体具见，已为通矣。若通乎六艺之流别，乃升屋极而观上下四旁，方圆之至，皆定于一。又譬之行礼乐焉，诸学专门之精，譬如钟师磬师；通于六艺之流别，则小宗伯辨位赞仪，指挥群工，各从其类者也。谭献者，善述章先生者也。其言曰，凡文字无大无小，有正变即有家数。正变即源流，源流即统也。不明乎此，则枝枝节节，徒劳而不通矣。

学　纲

御纵变——论世（史）

两　　　　　　　　　　明统知类（经）（校雠）

用中横——知言（子）

　　道一而形分为万，故万事万物皆有两形，各有一端，所以成类。虚理则过犹不及，不归杨则归墨，子之所持也；实事则一治一乱，一张一弛，史之所著也。六经皆史，而经孔子手订，器殊而道一，一以贯之，并行不悖，执其两端而用其中。官失道裂而为诸子。道家最高，出于史官，秉要执本，以御物变，亦不偏于一端。特不能中，故或流于放。后世良史之识，即见始知终之术也。是故史、子皆统于经。史衍经，各异之体传其外，犹子于父不必肖也；子分经，一贯之义传其内，犹弟于师不必全也。

为学之法有三，知言论世，总于明统知类。知言者，用中也，明右左之异。论世者，御变也，通古今之变。用中横而御变纵，以两观之，或束或放，或冷或热，其大要也。纵之古今，横之东西，无不皆然。用中正偏肇于子思，论世知人明于孟子。不论其世，无以知言，故读子不读史，则子成梦话；不知其言，无以知人，故读史不读子，则史成账簿。学如谳狱，沦世者审其情，知言者折其辞。读书二法，曰入曰出。审其情者，入也，虚与委蛇，道家持静之术也；折其辞者，出也，我心如秤，儒者精义之功也。入而不出，出而不入，昔儒之通弊，儒、道末流所以流于苟荡也。二法具而无不可通之书，书亦无出史、子二者之外者也。虽然，不见全，不知偏。不见天地之纯，古人之大体，何以解蔽而见始终哉。故必先明统。统莫大乎六经，知六经之形分神一，则知两矣。校雠者，辨分形也。体器明而旨可求，各得其当，无泥拘诬凿之弊，永终知弊，必类族辨物也。虽然，不知一贯之道，何能合两。子莫之执中，慎到之宛转，刚柔何以和，温清何以衷，故尤莫先于知性。物变而性不变，性明而天人一。故论世必本于友善，知言必本于养气，非实践存察，何以能之。苟不知性，虽能言明两，不能信也。故以文字言，譬之成室，校雠为门，史、子为堂，明两为室，而知性为基。若基之不固，则全室倾覆。若夫诗文词曲，皆本大统；书画艺事，亦有两端，犹园林而已。

争斗日甚，书籍日繁，人厌把卷而思焚书，其故皆由统系不明，各趋极端，往而不反，终不能合，不自知其位置，务欲垄断。方今大道将明，岂可任其繁乱，使来者循其疲劳而终不达哉。故近世东西学人，皆求简求合。统系明则繁归简，纳子、史于两，纳两于性，易简而天下之理得。既各分尽专长，又同合归大体，区区之心，窃愿此尔。若树异帜以强人，骋大言而无主，已惩前人，不敢自蹈也。

注：壬戌十二月书塾散学，特举所学大纲与诸生言之。越数日，友人万君佑丞来询所学，又为详说。因以两说缀为一文。昔之成学者，所得虽殊，皆有纲目条贯，非如近世之任意杂治，博而无约也。然其系统散见，罕自标举。今撰此篇，知必招夸大之讥与树立之誉。然著述之事，谈何容易。近年之所撰录，大抵读书所得，以授生徒。此篇所言，亦止方法，而非宗旨。知言君子，必察其不诡奇。自成家言，固非所敢任；哗众取宠，亦素所不为也。又此篇所论，皆由积累，本不可遽授初学，然既已来学，不可不使知之。且文似详白，义实简晦，非尝相讲论及曾详览拙撰诸书，不能喻晓。倘徒剽此以为大言，必不能成理，不足惑人，故亦印布之。

广博约

古今论学之名言多矣，得其要者，莫如章实斋《文史通义》之《博约篇》。其要曰，学必期于心得，业必贵于专精，类必要于扩充，道必底于全量，性情喻于忧喜愤乐，理势达于穷变通久。扩充为横之统类，通久为纵之源流，他篇已详，不待申说。余四语者，皆须析论，因援旧说，以为证喻。

所谓心得者，即学与功力之辨。二者之别，殊不易明。章子譬之以秫黍与酒，是原料与成品之分。其所举王伯厚之纂辑，固不得谓非成品，然止为庀陈曲蘖，而非火齐之既得，是功力之成品，非学问之成品也。且所谓学者必有旨意。旨意既立，则可以充于一切事理，一切著述，不随形式而变。如荀子长于礼，谓礼为类为分。其所以成家者，乃不在其详于礼，而在其执类分之理以贯万事。向使荀子止纂辑礼文，则不为成家矣。此则又不仅如酿者，乃如饮者之沉酣，沾洽酒气，益于其身焉。此章子所谓性情也。虽然，意旨固贵矣，而不必皆有也。功力虽未至，成学亦岂可无哉？章子固未尝轻功力也。叶水心尝言："士多以意为善，鲜以力为善。诚得其意，圣贤何远？如意之而未至焉，遂又以意为力，则窒其材、枉其德矣。今夫意之者如望远焉，目之所至，身可至乎？以力从意，不以意为力。力所不及，圣贤犹舍诸。力之所及，则材为实材，德为实德矣。宁少于其意而致多于其事。"《彭子复墓志》。此又矫南宋诸公好空论之弊也。以意为力与以功力为学问，正左右佩剑之失也。

所谓专精与全量者，即此篇之主旨。专门之贵，昔人知之言之者多。其最切者，如戴东原曰："学贵精，不贵博，知得十件而都不到地，不如知得一件却到地。"《年谱》其弟子段茂堂曰："学问门径自殊，远而望之，皆一丘一壑耳，深入其中，乃皆成泰山沧海。"龚定庵迷。是诚甘苦语也。然能专一门而不知统，则亦不为成学，《庄子》所以有秋水之喻。宋陈善尝言学须善入，复须善出。龚定庵申之甚详。

盖凡入一学，必有习气。欲成一学，必明类位。无习气则不能入，而无通识则不能出。通识者，章子之所主也。章子所谓道者，即其所谓道公学私之道，而此篇又引及阳明。阳明之说，乃本末之辨，而非公私之辨，与章子之言本异旨，然亦有相证发者。非朱派者不独阳明，嘉定钱子仁曰，即物穷理，其误在于无本。《论语》曰："君子务本，本立而道生。"文公以为学者不当厌末求本，教人但学其末，所谓其本乱矣。本乱而求末之治，岂可得乎？此未合乎《大学》也。《孟子》曰："尧、舜之知而不遍物。"《中庸》曰："虽圣人亦有所不知。"文公教初学者，即责以知既尽而后意可诚。《语类》又云："格物者，穷至事事物物之理；致知者，知事事物物之理。"如此则意之惑乱滋甚，又何可诚？且使尧、舜复生，亦恐不能，此未合乎《孟子》也。程子曰："不必尽格天下之物。"又云："存心一草木器用之间。"此是何学问？如此而望有得，如炊沙而望其成饭也。文公则曰："上而无极太极，下而一草一木一昆虫，亦各有理。一书未读，则缺了一书道理；一事不穷，则缺了一事道理；一物不格，则缺了一物道理。须是逐一件与他理会过。"愚意无极太极是天人合一之学。学至有成，亦可自得。初学者学之，虽非先务，无伤也。草木昆虫事物之众，人无百年之寿，何能一一尽之；孟子以治天下不可耕且为，文公亦以大臣不当亲细务，奈何志在学圣，而反务尽一草一木一昆虫之微哉。此未合于二程也。此论至详，护朱者百喙不能解。子仁名民，嘉定人。讲学欲合朱、陆，尝与陆稼书辨。章子之论，无以加明于是也。虽然，其所引治天下与大臣之说，则有遗义焉。盖此所辨者共由之道，而天子大臣百工则各执之职也。治天下者不可耕，而农自当精于田；大臣不当亲细务，而百工自当精其职。契弃皋陶，岂非不器之君子？而后稷、司徒、司寇，不可易事而工。向使世之人皆学治天下，则谁为农？皆学为宰相，则谁为百官哉？昔唐应德顺之《与俞教谕书》辨德艺之分曰，羲和之历象，夷、夔之礼乐，皋之刑名，至于垂工和矢，伯益鸟兽，孰非道哉？诸子为之，而尧若罔闻者，盖君逸臣劳，道则然耳。若谓尧、舜以道自处，而以艺事诿之人，何其自待者厚而待人者薄也？《孟子》曰："尧、舜之智而不遍物，急先务也。"若在羲和，则历象便为先务；在夔，则击石拊石便为先务。又安得以尧、舜之所不遍者而遂不急也。此论明矣。盖道公而业私，道通而业局，不可言道而忘业也。阳明再传弟子胡正甫直作《博辨》以驳朱派，其言有曰："人性一也，故兔置野人可与上圣同腹心；才质殊也，故岩廊上圣不得与匹夫争技能。是故禹专水土，稷任稼穑，夔乐夷礼，契教陶刑，皆终身不易其能。能者非侈，而不能者非诎也。诚以才质殊而实用专也。"此言剖分性质，岂不明于钱氏哉。此虽非止论文学，而其理实可推。苟学者皆徒执章子批评之理，而无专门之精，则批评亦无所施矣。且元晦之误，误在范围，其方法则固不误也。何屺瞻称元晦事事精到，元晦固亦未能尽一切事理。顾其所已究者，则事事到地，事事当行，不强所不知以为知，迥非他家所及，诚可谓善理会者，诚专业之法也。正甫又尝言夫子所谓博学，言无适非学也。彼诵书考古，博物洽闻，特学一事耳，而非以博学也。夫子无行而不与二三子，公明宣从于曾子，无所不学，知夫子之无不与，公明宣之无不学，则知博学矣。此论甚精，实《论语》之正解。盖以博为动静言行，而约为心也。章子之言，则专主于文，以博为旁搜远考，而约为专业宗旨。然其理亦相通。正甫之言，谓心为本而行于百为。

章子之言，则宗旨为本，而周于群书也。俞荫甫樾《论语小言》曰："先王之道犹水也，先王之法犹器也。盘圆而水圆，盂方而水方。水无方圆，视器以为方圆。是以盘之水可写之盂，盂之水可写之盘。故曰，君子不器。若夫盘盂之方圆则有定矣。盘而不圆，非盘也；盂而不方，非盂也。故曰，觚哉，觚哉。"此喻甚精，可以知一贯与散殊之不相妨矣。

所谓性情者，章子《丙辰札记》尝述王怀祖之言，谓学问须有性灵也。进而言之，则人之于学，各有质性。质性固由所业而见，且又有贯乎诸业，乃至小技亦无不可以见其好恶取舍者。即以近人言之，翁正三于书守唐碑，不取米、董，亦不通六朝。其于学则亦守宋人经学，不取明人之虚锋，亦不专宗汉学。以黄鲁直论书质厚为本之语，为一切学术之宗旨。王壬父于诗，主八代不主唐。于词，亦主北宋，而不主南宋。讲宋学者，文必宗八家。讲汉学者，诗多主《文选》。学骈文者，书多宗六朝。讲考据者，画多喜北宗。阮芸台学主考据，文主骈，书主北碑，画主北宗，其最显者也。盖宋学之于八家文、南帖书、写意画，考据之于八代文、北碑书、工笔画，其性固有相同者矣。其相同而取之者，则气质为之也。为学当自审其气质。非独行为然，文亦然。恽正叔寿平评董思白书曰："思翁笔力本弱，以学胜。秀绝故弱，秀不掩弱。凡人往往以己所足处求进，久必至偏重，习气于此生。习气者，即用力之过，不能适补其本分之不足，而转增其气力之有余，是以艺成而习亦随之。惟思翁用力之久，如瘠者饮药，令举体充悦光泽而已，不为腾溢。宁见不足，勿使有余。"此论至为微妙，亦可与章子《质性》《文德》《说林》诸篇相证发也。

一事论

莫非人也，莫不学也。何以为人？何者当学？千万方，千万年，千万人，惟此一事而已，故名曰一事论。何以为人？当为真人，勿流于非人。何以为学？学为人也。人之为人者心也，行为主而知辅之。必学不必学，与其轻重，以此为断。

天下非一人也。一人如是，人人如是。

群乱原于人恶，人恶原于学谬，学谬于歧。知与行歧，治人与修己歧，道遂裂矣。孔子曰，一以贯之。大父曰，圣人无两副本领。吾今之论，述训而已。名曰论者，谓其言有伦也，非云作也。大书分注，假用新明，皆取明贯而已。癸亥九月刘咸炘大父《约言》曰，为学曰为人，为道曰事天。别有《人道》一篇申之。

学者，学为人而已。故虽穷研万物万事，要以关于人者为的。学者，人之生活法也。故杜威谓日常生活为广义之教育。无事非学，无人不学，其正不正之辨，即在是人非人。人之生活非物之生活也。学穷二酉，而伦常不修，虽学，谓之非学。事父母能竭其力，事君能致其身，与朋友交言而有信，虽曰未学，吾必谓之学矣。《论语》此章所以明首章学字之义也。大父注首章曰，业道曰学，学圣人以全其性。

世界者，人与万物互相感应而成者也。万物感应人，而学之的乃在人之感应万物。然不明乎万物之感应人，则不能明人之感应万物。感应即心理家所谓激刺反应，言影响嫌太不用力，言支配对付则嫌太用力，故言感应。《易传》曰，观其所感，而天地万物之情可见矣。万物相感，即成万事，人为本身。纵之感者父母，历史为遗传；

横之感者物质，社会为环境。

万物之感应人，知之学也。人之感应万物，行之学也。知之的在于行。知主虚理，而必以实事明之，故不行不得知。行主实事，而必以虚理御之，故不知不能行。凡究人情事物之理，皆求知彼之感应我而备我之感应彼者也。事物甚多，人之知识有限，而言泛应曲当者，即以虚理可御实事。然求理之方有异。西方哲学分纯理经验二派。纯理派用演绎法，重普遍原理，以一己所见，制为种种范畴。经验派诋为蜘蛛结网。英人培根语。反之，而用归纳法，重个别事实。二法当兼用，不可偏恃。前者之弊为武断虚幻，后派之弊则为散漫浮动。其病皆由执着名理，好走极端，欲求穷竟，乃成缴绕，征诸实事，多见其为徒劳。盖世间事理无尽，知见亦无尽，求知者固不可无节制也。

学术对言，则学为知而术为行。然知要以行为的。孔子所谓学，兼包知行。华人之学，除专主考据者外，亦无不顾行者。今人谓华人有术无学，不知西人正病在知远于行也。

知远于行，前世学者之通病，纯理经验，犹中国之汉、宋二派也。汉学之考据，固为知所不必知，宋学之格物，亦知所不必知也。杜威主知行合一，而偏重知识，轻忽情意，彼本经验派之裔也。王阳明主知行合一，偏主情意，胜矣。而其流失又太忽于知。不知万物之感应人者有殊，而但主任其自然，则纵恣而不适。道家之弊亦如此。

人有身有心，万物之实质感应于吾身，而其虚灵感应于吾心。知其实者，养身之资；知其心者，治心之资。人之所以为人者，以其存心也，非止以其有身也。故人之于物，虽若当周知而宜有所轻重。宇宙万物，以人为中心，人又以心为中心。西人学本逐外，初为自然哲学，乃有自然科学，次乃有社会学，最近乃有心理学。自外而返内，自环境而反本身，故于心之学知之尚浅。其言治道，本但求制度法律。洎物质科学大盛，其他各学者亦各张其门庭，或重生物之遗传，或重地形气候。至今言社会学者，乃知根源在心。于是遗传学者，亦舍形体而重本能；地理学者，亦舍物质上人之支配地者，而重精神上地之支配人者。可谓进境矣。反观中国先哲，则皆归重心理，故中国旧籍，诸科杂陈，不详事物，遭系统不明、专门不精之讥。而在先哲，则固以为彼末而此本也。气质之不同，风俗之变迁，天时地理人事之影响于心理者，吾先哲之书所陈富矣。西人用科学方法之所得，无以过之也。知其实以养身，西人之所擅长；知其虚以治心，西人不能及中人。能治物质不能治一心，自夸为征服自然，而不知本身已受自然之支配。行为之根，不能脱时风土风之偏蔽，而徒以器用之精，傲禽兽以进化，何足贵乎？物质科学有纯粹应用之分，无纯粹固无应用。吾非谓纯粹可废也，然固非人人之通道也。杜威之言教育，重实生活，合一知行，诚是也。而所谓行者，乃仅知物治物，彼亦知天下人不能尽为科学家矣。然则区区之物质常识，遂已尽人所当知哉。若吾国汉学家之所究，则泛滥无用，更不如科学常识。夫万物皆备，谓尽物之性，岂谓尽知物之形质哉。宋学家亦误会而解《大学》格物为穷究事物之理，虽非泥质，而逐物则同，故阳明反之，大父辨之详矣。身心本不可严分，所谓生理作用心理作用本属相连。蹶者趋者，是气也，而反动其心，故实质亦有因感身而感心者。

心有知觉，有情意。发为行事者，情意为主心之官也，知觉则耳目之官也。人之所以学者，以善其行事也，非以广其知也。故知觉虽无不关于情意，而宜有所详略。旧心理学家所叙说，先感觉，次知识与情绪，次意志，最后总为人格。达于行为者，知情意合之人格也。德以情意为主，故《中庸》言喜怒哀乐视听之非礼与否，亦自己生情而言。若辨色察声而不动情意，则仅为知识，无关行为，乃西人所谓非道德的，无善不善之可言。孟子所举四端，恻隐、羞恶、辞让，皆情绪情操，惟是非属知识。乃谓辨善否仍是情之辅用，非谓知物质也。要之，智止是情意之徒役。智之导行，必先起情，故中国圣贤，皆以治情意为学的。《论语》曰，君子不可小知而可大受。重受，即重情意也。说详《内书·役智篇》。西人之学，长在知，而病即在专求知。其学风虽有主知主情两派之殊，而所重终在知。其所谓智，又偏在于物质。若感觉主义之末流为纵欲，则徇耳目之官，又其弊之显者。杜威诸人之言行为忽情意而专言知识。所谓知识，又徒求真。庄周有言："吾生也有涯，而知也无涯。以有涯随无涯，殆已。"物象无穷，事变无穷，百年之形骸，安能一一经验之。而诸人乃谓智慧无穷，为进化之幸福。然则宇宙无穷，人生只见其一节，愈后愈幸，而又无最后。则生于前与生于后，皆相对之不幸也，人又何以为生哉？纯理派哲学亦发达其知识也。哲学本义为知识，西人之本然。至于近日德人倭铿乃倡唯行主义，反物质生活而重精神生活，轻智而重情意。其弟子等倡人格教育之说，略谓人格为精神之自我，非感觉之自我，涵养人格，为教育之目的。此说虽仍不免含混，然较胜于惟求多智之说矣。西方心理学，前止详感觉知识诸作用之质，今乃知其不足而究情意行为之态。本能分类，已渐详备，气质分类，尚未详确。最近心理测验盛行，颇夸以为可考行为之源。然测验只能及智慧，情意倏忽万变，岂测验所能知？气质品性之考究，固尤要矣。

情意有三求，曰真善美。学者，学为人也。以善为主，真、美次之。真以善为的，美以善为准。离善而言真，无益也。离善而言美，且有损焉。西人立此三纲最当。或更加以胜妙，非其伦也。然中人亦非不知科学，唯真即考据、伦理、政治，唯善即义理、艺术，唯美即词章。姚鼐立此三纲亦当。或加以经济，亦非其伦也。三者异途不可混。学说之乱，即由三者之混。以义理论考据，以考据论词章，求善而言真，求真而言美，古今学者，盖罕能免。然三者自有轻重，方法虽三，总的当一。以一包二，宜云善真美，不宜云真善美。以真为先，西人逐物之病也。人生之事不过求善，科学艺术无非为人生。不然，则虽尽大宇宙之物相，穷人巧之能事，亦复何价值？治物以养身，凡一切求真，皆求善之具。即手段艺术以陶情，凡一切求美，皆表善之具也。真偏于实，美偏于虚，善则介乎其间。科学深推至于电子，以大力求其真而不可得，亦无害其用也。邹衍之谈天，今文家之说经，非不圆妙，正如培根所谓蛛丝网者，实成其为自赏之美耳，复何用哉。宋人以义理论词章，虽误用方法，失于狭褊，然于总的固未误也。舍善言美，则色盲目，声聋耳，害不可言。若西人之以真论善，尤为大谬。迷信感觉，焉能得真？卒至陷于不可知，视世界皆丑恶无善美。黑格尔之说现实即合理，为近今战争之端，人固知其非矣。詹姆士、失勒、杜威等所倡之实用主义，即以矫前此求真之虚幻，其标人本甚为超卓，然用非即善，诸人尚混而未析。又其所说为用之知，亦不免泛滥。中国昔之墨家、法家，亦主实利，然竟忘情忽美，又失之浅隘，皆由未识人道之大端耳。人生何为，何者为善，虽不一其说，而知非生之务，真非生之的，则固可断言矣。真善美三者，低则相妨，高则合一。美本有高低，真之自然亦原与善之当然相合，特非如西洋元学者所求耳。

由是言之，所当学所当知可见矣。今以物事为次第而详举其科目焉。宇宙三物，曰天，曰地，曰生物。人为中心而有事，人与人合而有二事，横曰群，纵曰史。

今以学所研究之对象为类。凡三物二事，感于身者易知，感于心者难晓。今略注之，有直接感于心，有间接由身以达心。

凡物　　究凡物之通法者曰形学（即几何）、数学、物理。

```
          星　万物中惟此为人所不能变易，然亦利用之。

          气象　与地之气候相连。

天地       地质　感于人身，如坚土人刚，弱土人脆之类。

                感于人身，如谷气多痹，丘气多尪之类。

          地形　感于人心，如山令人塞，川令人开之类。
```

气象以下之感人心者为土风。


```
        植物
生物
        动物
```

人类 ┤ 身 / 心

身心皆有父母之遗传。

凡事 ┤ 应用技术 农、工、医等用物以养身者。
言语 文字
美术 凡技之主美者。美本生于心。

群社会学 ┤ 习俗
生计 即经济。通功易事故属于群。根于欲望。
政 法律学
教

史

群史之感人心者为时风。

如上所列，感心者三。欲究遗传，即在本身心理中。故并本身遗传环境，则为心理、土风、时风三科。

社会学者列社会成立五要素：一、人口；二、地形气候；三、心灵；四、交通方法；五、社会成训。

英人斯宾塞分教育为三，曰体，曰智，曰德。后人沿用之。今人乃有嫌其未足者，增社会、职业、美感三者，此谬也。体、智、德皆人之本身，社会、职业乃所究之对象，加入并列，不伦甚矣。且所谓社会者，如社会情形、宗教、历史、政法、经济、时事，皆即智之事。职业亦智也。美感仅足以辅情耳。

法人孔德《实证哲学》论学术系统，略如下图：

数学

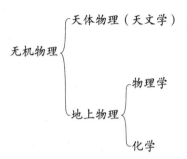

孔德乃科学唯物者，故以数学统之。谓诸学层累而下，由精确至不精确，由简趋繁，由普通至特殊。前者先发达，后者必兼用。前者之知识社会学一语，为彼所创，以统政法、经济、史地诸科。其时心理学尚未发明，故止于社会制度。其实心理乃为根本，较之社会科乃由繁趋简，由特殊至普通，且心理亦复不能用数学及物理、化学法究之也。

西人目录分类，惟勃郎、杜威二氏为有纲目条理，今录之于下：

勃郎氏分类：宗教及哲学、历史游记及地形、传记、辞典及丛书、社会学、商学在内，即经济学，彼之经济以商为主也。科学、美术及娱乐、建筑学在内。应用技术、建筑法、农、工、家政均在内。语言学及文学、图书馆学书目提要附。诗及戏曲、小说。集合著作杂志之不在他类者附此。

杜威氏分类：一、总记。目录、图书馆、百科全书、丛书、杂志、新闻纸均在。二、哲学。心理伦理均在此。西人之通误，盖以其相连涉耳。三、宗教。四、社会学。有风俗。五、语学。六、自然科学。七、应用技术。八、美术。园艺学在内。九、文学。小说在内。十、历史。地理游记在内。

二人所分，大序均未合，繁简亦不当，今依前说为移并之。一、宗教、哲学。二、自然科学。三、应用技术。四、语言文字。诗、戏曲并入。五、美术。六、社会科学。七、历史。庶几简明矣。中西目录之不同，由学类之不同。西人哲学统其虚理而科学分其事物。中国四部之子、史，亦一实一虚，似可相拟。然子之兵书、术数、方技，可拟其应用技术；而史之谱系，虽陈名物，不能拟其纯粹科学也。其所同者，独史传、文字、小说、词曲耳。大略言之，则西之学以事物分类甚详，而中书则以体分，多不能指为何学。夫目录者，所以辨章学术，考镜源流。今四部乃以体分，岂不宜遭笼统之讥哉。然此自有故。中西之异，在于分物合心，根本不同。中之哲学，本主人生，以心御物，以理御事，以综贯为长。故良史子家，皆遍论诸事，如所谓博学而无所成名者，故不可得而分也。周官三百六十，各守其业，使其籍具存，岂不灿然分列哉。然中人本以物质为末，故有应用技术而无纯粹科学，亦不可以相拟也。明乎此，则欲究事物，可以中西学类相参而求之。

人之身心为三物二事所感应，遂致万有不齐，而学与教与治皆求其齐，则何凭哉。盖此万不齐者后天也，而其齐者先天之心也。受之于天，理气之粹曰人性。苟人本不齐，则教与治皆徒劳而罔功，故虽荀卿、商、韩之说，亦求其齐也。不知先天，而但执后天以为说，此性所以不明，而强之与纵之皆谬。不知诚正之道，则己之心意先已束于土风、时风之一偏，又安能一齐众人哉？无古今，无中外，学者大都如是。上文所列三感，为后天之习，乃成心理学家所谓个性，即吾祖所常言受于天地父母清浊厚薄不同者也。孔子曰："性相近也，习相远也。"孟子曰："人无有不善。"尧、舜与人同。虽有不同，则地有肥硗，雨露之养，人事之不齐也。此固明示先后天之殊矣。昔之儒者，执习以疑性，又不知习之中有父母之遗传，地气之影响，故无解于越椒、羊舌虎之初生而已恶，遂谓性有三品矣。故万物之感应人者，不可不讲也。

先天之性，无殊于时空。故治心之学，以此本齐调后天之不齐。故曰："天命之谓性，率性之谓道，修道之谓教。"此人所共由之道，人所同学之学，无殊于男女智愚者也。故知其虚者普遍，当知虽深细成专业，而学习则通道。凡谓调不齐者，调之归于中和。如所谓沉潜刚克，高明柔克，皆非一律也。伯夷、伊尹、柳下惠俱圣也，而有清、任、和之分；颜、曾、张、夏俱贤也，而有具体一体之异。譬之于乐，或主鼓，或主金，要使之不淫滥而已。德之譬乐，详见后段。

道德真平等也。治心之学，如上文所列感心三科，自非农工商所能尽究。然农工商实无不学知之。且曰二学之至老不止，否则无以应事，特不明称为学，故人不察耳。故士虽与农工商同为分业而居四民之首，当领导之任，即以所学者为人之通学，非其位特尊，独有学圣之权也。

后天之身心有时空之殊，故养身之学，因其不齐，以各尽其能谓之职业。周之三百六十官，西洋之应用技术，此人各不同者也，故知其实者，分工相助，虽成绩为通用，而学习则专门。一人之身，百工之所为备，不能皆自为也。此限于智力与习，各有能有不能。通功易事，以相助而已。杜威一流提倡平民教育，人或诋之，谓无英杰即无发明，盖智巧本不得平也。智本不齐，故职不齐。职不齐，故权不齐。舍德性之平等而争智识职权之平，故有诸谬说。以上二段，即所谓学为人与学为匠之分也。今西人已知专学为匠之非矣。

懿乎哉，六经之教也。《易》《诗》《书》《春秋》以言教，诵之，读之。《礼》《乐》以事教，执之，作之。

知莫切于心灵，《易》陈宇宙之大理。《诗》陈民俗，而土风在焉。《书》《春秋》陈政事，而时风在焉。六艺之用详见《言学》《经教》二篇。观时风之说，详《治史绪论》及《流风篇》。

行者，言与动也。《诗》教之言，而《礼》教之动。《礼》范其行而以动使视焉。《乐》陶其情，而以声使听焉。《礼》在外而根于内，《乐》在内而达于外。内外一贯，而养中尤难。故曰："兴于《诗》，立于《礼》，成于《乐》。"礼之作用，德人倭铿及其弟子所倡人格教育派之说，最足明之。大略谓教师当以自己人格之力注入儿童本性，以完其人格。二者之间，发生微妙作用。教师责任重大，必须感化力强大。教育纯为感化作用，赏罚训诫诸种补助手段，亦莫不依教者之人格始能收效。一切交通智识方法，如言语、文学、美术及运输方法、传声传形之器械，皆间接非直接，惟人格乃最直接。人格由容貌举止姿势表出，较言语为多为有力。道德教育，非讲演教科书所能收效，全要以身作则。此说极精。行而履之，礼也，固不限于冠昏丧祭，申申夭夭，即孔子之礼也。孔子之教诗书执礼，礼而言执，乃躬率以行之，非为虚美也，正以人格化之也。世之言教育者，方以交通方法之发明为知识普及之幸，乃重知识而忘人格耳。譬友有过而移书止之，苟非行谊素孚，虽理论周详，其效仅矣。又有谓戏剧之为物，最能表现品格者。此则古人重舞之意也。乐之道，《乐记》详言之矣。色、臭、味、触之变，不如声之多，其感人心不如声之甚，故圣字从耷。孔子六十而耳顺，佛氏亦有声闻之说。颜渊问为邦，孔子独告以放郑声。盖恶味，口可闭而不尝；乱色，目可闭而不视。惟奸声之来，非中有所主，不能拒之，耳固不能闭也。详《内书·视听篇》。

夫欲善其行，必善其心。人藏其心，不可测度，而教者之力几穷。神哉圣人，乃由耳目以达之，已应乎天则，而行礼使之视而感焉。已发其和声，而作乐使之听而感焉。假外之官以治内之情，盖人之表出其情，不过言动，而人之纳入他人之情不过视听。人格之交通，专赖四者，故孔子告颜子以四目也。人法天者也。《乐记》曰，天高地下，万物散殊，而礼行矣。流而不息，合同而化，而乐生焉。夫合同而化者，风雷之功也。雷起于下而上，风起于上而下，故《孔子闲居》曰，地载神气，神气风霆，风霆流行，庶物露生，无非教也。此礼乐之精也。前儒多所未详，今之人又徒以礼乐为无用之虚文，古先之化石。呜呼，人必先有情绪，次有意志，而后见于行，故曰兴《诗》立《礼》。乐主于内，故成。德喻于乐，所谓无声之乐，气志既得者也。孟子譬孔子之德为金声玉振集大成；孔子言子路之未化曰，由之瑟，奚为于某之门。其明证也。

总上所说图之如下：

知实　物质科学　　应用技术

知虚　　宇宙大理《易》⎰ 土风《诗》
　　　　　　　　　　　⎱ 时风《书》《春秋》

行 —— 心《乐》
言《诗》
动《礼》

《西域记》卷二述天竺学风曰："开蒙诱进，先遵十二章。七岁之后，渐授五明大论。"一曰声明，精诂训、字诠、目录流别。二曰巧明，技术、机关、阴阳、历数。三曰医方明，禁咒、闲邪、药石、针艾。四谓因明，考定正邪，研核真伪。五曰内明，究畅五乘因果妙理。其婆罗门学四《吠陀》论，一曰寿，谓养生缮性。二曰祠，谓享祭祈祷。三曰平，谓礼仪、占卜、兵法、军阵。四曰术，谓异能、伎数、禁咒、医方。按《吠陀》是书名，与五明不相蒙。西洋人艾儒略著《西学凡》，《四库》入《存目》。《提要》曰："所述皆其国建学育才之法，凡分六科，所谓勒铎理加者，文科也；斐录所费亚者，理科也；默第济纳者，医科也；勒斯义者，法科也；加诺搹斯者，教科也；陡禄日亚者，道科也。其教授各有次第，大抵从文入理，而理为之纲。"按西洋中古时大学学神学及七艺。七艺者，拉丁文法、修词学、伦理学为三文；算学、几何、天文、音乐为四理。此说二方学科，皆可与上图参观。同此，人生所当学固有定限也。

知以求理，而理寓于事。凡学之所求，可总为二大别，曰事实，曰价值。三物二事，皆事实也。又可分为二类：一曰无价值之事，一曰有价值之事，所谓自然与文化也。文化即群史，史部之所载也，不如名之曰人事。事者，别于静物。价值皆生于人，而心理土风皆形见矣。价值之学，则善与美，道德原理为主，子部之所载也。言事者患关系之难明，言价者患标准之难立。德国西南学派分科学为文化或历史与自然二大类。陈大齐修正之，谓当以事实价值分。然价值之重，即由西南学派提出。吾谓后说当为大纲，而前说当为事实类之细目。但历史、文化二名皆不该，不如名曰人事。群学、史学，本不当分。群学方法即史学方法，而最近群学中文化派显然注重历史。

教亦学也，政亦教也。政，正也。教，效也。先知觉后知，先觉觉后觉，纵之俟百世，横之友天下，而本于一身，所谓与人为善者躬率之也。孔子曰，予欲无言，吾无行而不与二三子。率天下而民从之，不必亲相与言也，以礼乐相示而已。故曰："以身教者从，以言教者讼。"《论语·无隐章》与字，大父注曰 整理者按：大父指作者祖父刘沅（止唐），为清大儒，融通三教，影响深远，其代表作为《槐轩全书》。：与犹示也。吾曩为之解曰：与，共词也。字从舁，四手，上下向各二，共举意也。以示训与，征于天也。《说文》曰："示，天垂象，见吉凶，所以示人也。"《孟子》曰："天不言，以行与事示之而已。"《论语》曰："天何言哉。"天不言而时行物生，圣不言而达材成德。时雨化之，即风霆流行也。夫教，学也。学，效也。颜之学孔曰步趋。孔子拱而向右，门人亦拱而向右，效固不在言也。善效者，圣趋趋，圣避避焉耳。夫行固非言所能尽，事变之众，典籍不能备。非礼之礼，非义之义，孔子未尝条举其目，惟行而后知其得失，圣人不能若胥吏设例案而循之也。苟不与二三子共行之，非惟二三子不能行，孔子亦安能预知哉。盖以理御事，故非执一而不中也。夫以言教者，其教固空。以行教而不躬率之，其教亦伪。书等身，言满耳，日号于众曰，行旃，行旃。而其行无闻，不与之故也。与人为善，莫大乎舜。《孟子》曰："自耕稼陶渔以至为帝，无非取于人者。"夫舜之为善，即教也。耕于历山，耕者让畔；渔于雷泽，泽人让居；陶于河滨，器不苦窳，此《孟子》所谓与人也。舜让畔则众让畔矣，舜让居则众让居矣，舜器不苦窳则众器不苦窳矣，舜岂徒日以让畔、让居、不苦窳号于人哉！夫天之示亦躬率也。春之时，天开张，万物皆开张矣；冬之时，天收敛，万物皆收敛矣。天与万物固共事也。日出人出矣，日入人入矣。日月星，无隐也。作止语默，无隐也。过也人皆见之，更也人皆仰之，圣人之改过也。风霆流行而庶物生，作止语默而过者化，其机神矣，躬率之而已。或曰，孔子时，周礼具，故率弟子习礼，礼固必行乃明。今亦将若颜元、李塨之说，终日习六艺九容乎？曰，否。古礼不可行于今，礼又岂限于冠、婚、丧、祭。圣人之教法异而道同。静有功焉，动有功焉，匹夫妇与知能也。若强以古制，是乖时宜也。骛于技能，是独而不可众也，乌能与哉？此文旧作已久，今删改入此，人格教育之说亦见此旨者也。或曰，治国平天下焉得共行乎？曰，迂哉问也。治天下者不于天下，于身。由修身而齐家，而治国，而平天下，自然之推。天子率诸侯，诸侯率卿大夫，卿大夫率士庶人，故曰为政在人。取人以身，举皋陶不仁者远矣，举伊尹不仁者远矣，非家至而日见之也。不出户知天下，夫何为哉？恭己正南面而已矣。尧、舜之时，比屋可封，万国之庶人岂皆直接于尧之人格而视听之哉。佛氏有言，一指入水，而四大海水皆动。谓其邻近之相传也。《孝经》曰："合万国之欢心以事其先王，爱敬尽于事亲，而德教加于百姓，形于四海。"今之学者读之，必讥为驱人奉己，自私不公矣。夫岂知一人之私，即天下之大公哉。

《论语》曰："切问而近思。"知虽当远,行则在近。己近而群远。行远必自迩,登高必自卑,故学先成己。小群近而大群远,故教政始于家乡。别有专篇论之。西洋学说,个人社会两义相倾。社会主义虽是,而社会本位则非。个人主义虽非,而个人本位则是也。欧洲向来教育之个人主义,以发达个人身心为主,其说甚浅,又不顾及众人,不明万物之感人,故后有社会主义反之,如杜威一流是也。社会主义竟谓人为社会而生存,故人格教育一派又反之。今人以人格教育为个人主义,而盛称杜威,谓其主发达个人即发达社会,乃两主义之调和,此非也。杜威虽言发达个人,而以适应环境为主,是社会本位之说也。倭铿一派虽偏重个人,而其学说乃主精神合和,此个人本位,非个人主义也。若杜威为调和,则倭铿亦调和也。二人之说适相反,而皆主行。其优劣判于主知主情意,上文已言。

学者,学为人而已,非学为超人也。孔子曰:"鸟兽不可与同群。吾非斯人之徒与而谁与？"陈仲苟以异于人为高，孟子非之。若损人以利己，固尤不足道也，故曰个人主义非也。西方个人主义，有如陈仲之自异者，有如杨朱之自娱者。有反抗习惯而自尊者，如诡辩派是；有傲物凌人而自恣者，如尼采是。自娱者可怜，自尊者可笑，自恣者妄而恶，自异者颇近于自立而实非道，皆非个人本位。个人本位，谓以个人达于社会也。国家主义仇视他国，今其弊见矣。吾中国从无此思想。日本浅人乃谓中国圣教乃教育之个人主义，孔子大学乃国家主义。彼徒见化家为国，而不知成己成人，诚可笑也。

学者，学为人而已，非学为群也。孔子曰："古之学者为己，今之学者为人。"乡愿生斯世为斯世，孟子斥之。夫舍己而言群，又焉有群哉？故曰社会本位非也。个人主义之弊易见，而社会本位之说难辨。其言曰，人为社会之一员，当适应环境。教育非为个人，而存在实为个人所属之群体而存在。教育之目的在使人人对于社会尽劳务，此巨谬也。人格教育派驳之曰，人自身即有目的，非为别的方便。社会教育家主张价值不存于人，在与外界交涉之中，此仅以经验事实为基础，是乖误之论。此驳甚明。夫人之行为，固无一不与外界相感应，而所以感应之者我也。此固甚明，无待各走极端，标个人与社会也。个人本位亦岂不顾外界哉！然有不可不辨者，则所谓社会的教育者乃徒随外界为转移耳。果使杜威明于人道，则所谓适应环境，当为率循宇宙大道，是不特与倭铿无异，抑不背于圣人。乃其所谓适应者不过知识耳，然则与物之生存何殊。灭内心之是非而随大众之毁誉，此则西人外德逐物之通弊也。

亚理士多德谓社会先个人而存在，其说谬误显然。人为社会而生，将成为机械，而今之学者尚多称之。其调和者则曰我和社会是双生。此语亦可笑。比利时人梅脱林克曰，无力盲人的献身，比较起来勇敢达观人的自我主义，反有大大的慈悲。你为着他人存在之先，须先为着你自己而存在。你要给人之先，自己不可没有所得之处。此语甚当。非惟不可无择而以己随人，抑不可舍其田而耘人之田也。

正心修身而齐家治国平天下，成己而后成人也。取诸人以为善，成人亦即成己也。圣人视天下为一体，初无群己权界之分。万物与人互相感应，亦无使而不受使者。万物皆备于我，反身而诚而已。不明人道，则不知成己成人之一贯，是故有个人社会之争。主个人者曰，为人所牵制，则我不得自由，安能牺牲我以为社会？不知自由自有限制。若非其道，则不得为成己。苟其道，则成人与己无损，无所谓牺牲。主社会者曰，只知为己，则妨害他人。不知无己焉得有社会。若非其道，是相率于乱。苟其道，则成己乃可以成人，无所谓妨害。使而不受使，即所谓绝对之主动，圣教不分权利与义务。

认经论

引

日日与诸生言校雠之要，而诸生有志研究者少。此亦无怪其然。吾撰《浅书》十数篇，曾无一篇论及校雠。《纲要》《博约》《浅譬》《翻书》《浅引》中虽曾论及，而止说翻书之利，诸生或将误会，谓校雠门类不过如食单馔谱，倘我属餍而已，不贪多味，则无用此谱单，此则误矣。无论治何书，必先知校雠法，不独为翻书也。校雠者，乃一学法之名称，非但校对而已，不过以此二字表读书辨体知类之法。章实斋先生全部学识从校雠出，吾之学亦从校雠出。章先生云，为学莫大乎知类。明言其本，故其书首即论六艺。吾之知言论世，皆从认识六经本体推出，今试浅言之。

《汉书·艺文志》不过一《七略》之简明目录耳，章先生独在此枯燥物中得六艺统群书之义。分出六艺与诸子，即分出史与子，官与私，实事与虚理，合一与分散。因此论学便分博约，论道便分自然与见。又因分清六艺，便分出文与质，圆与方。合此种种，成章先生之识。我之所明，虽多出乎章先生之外，实仍守此，不过于六艺之分，别加详明耳。最精者为论教法，即《一事论》中之图。乃至论女学，亦以四法配四学。纯以六艺精神分，则有《经教篇》；纯以六艺形体分，则有《言学篇》。因而论文学，则以《诗》《礼》分文质。论子之宗旨，似无关六艺，而仍从六艺分出微显，以官学之合衡私说之分。论史之观风气，似无关六艺，而仍从疏通知远出。横而取中之观念，固从校雠出，即纵而观变之观念，亦不过改横为纵而已。吾常言吾学乃儒家兼道家。儒家是横中，合两为一；道家是纵观其两，知两乃能合一。道家之学，不过为儒家之方法。观两之理，虽非六艺所全该，要从分清六艺而入。故学纲之图，以校雠为基本。若其分散之效，更显而易见。论史法即用疏通知远四字，论诗即用温柔敦厚四字，论曲即用广博易良四字。广至学问之全体，天人知行；狭至一小说、一诗、一书画之体。纵则历代风气之变迁，横则百家百科之宗法，无一不由认清六艺本体而达于得两。若于此不明，徒知吾零星说数。今日说黄老刑名，明日说礼别乐和；今日说文质彬彬，明日说刚柔相济；今日说南风北风，明日说东方西方；今日说社会个人，明日说进化退化；今日说知与情，明日说天与人。皆所谓散钱耳。以上近日讲语，即学纲之意，不过特提认经之要耳。继思吾论六经体用之文，散见诸篇，恐学者骤不能得其条理，因取而重编，别加贯串，分上、中、下三篇，即为吾学之门径，于学者甚便。

书籍虽多，不外子、史两种。集乃子、史之流，不能并立；经乃子、史之源，而今文家认为子，古文家认为史，所以纷争。章先生开宗明义，言六经皆史，即是认定本体，其说与今古文两家皆不同，已详辨于《文史通义·识语》中。

上篇　论体

一、六经之起源

　　文字本以代语言而补其不及。语言之所不及者有二：横之为地之相去，此地与彼地，口耳不及，代之者为书信与办事规则；纵之为时之相去，前人与后人，口耳不及，代之者为账簿记事册。此即六经所由起。旧作《言学篇》曰，文辞何起乎？结绳而治，足以记事而已。圣人既出，合诸侯而一治，告语所不及，乃假文字以达之，于是有条教号令。事多而分职不易记，人多而率行不易一，于是乃为法式之书，官礼所由起也。既行之于一时，而又虑后世久而忘之，或不能变通，必记已过之事以告来者，使有所据以损益焉，所谓藏往知来也，于是为记事之书，《尚书》《春秋》所由起也。人事尽矣，而不可恃也，必本于天毅以降命。且人事之变，非已行者所能尽，必有虚拟之象以该其理，于是为卜筮之书，《易》是也。此三者皆不得已而有书，又皆有所用之，非凭心而立说，亦初无须凭心而立说。然而人不能无情志，情志不能不发而为言，则谓之诗。诗字从言从之。志之所之，皆谓之诗，非专指四五七言有律者也。圣人虑其言之过于礼义也，采而定之，范于中正和平，使乐而不淫，哀而不伤，怨而不怒，亦以法式。事实虽有记载，恐于民情有所未惬，采诗以观风俗，乃可以万变之民情，斟酌一定之法式，盖其定诗亦有所用而然也。

二、六经之本体

章先生论六经本体，有《易教》《诗教》《书教》

三篇。无《礼教》《乐教》者，其源流易明也；无《春秋》者，统于《书教》也。

六经皆史，官守典章，章先生详之矣。《文中子》曰："圣人述史三焉：《书》《诗》《春秋》。"三者同出于史而不可杂，此章说之滥觞也。《诗》《书》《春秋》之为史皆易知，而《书》体为后世记言之说所晦，章氏始明之。朱子跋《通鉴纪事本末》曰，《春秋》编年通纪，以见事之先后，《书》别记以具事之首尾。意者当时史官既以编年纪事，至于事之大者，则又采合而别记之。此说简明，盖章氏之先觉也。至于《易》之为史，则较难明。章氏徒以治历授时为说，举义太狭，不与《易》称。夫《易》彰往而察来，神以知来，智以藏往，史之大义也。太史迁称《易》本隐以之显，《春秋》推见至隐。二书并称，盖《书》《春秋》主于藏往，而实以训后。太史迁所谓述往事，思来者也。《易》主于知来，故朱子曰，《易》是预先说下未曾有底事，然中亦借往事以为说，如箕子、文王之类是也。大明终始，六位时成，六爻相杂，惟其时物，其初难知，其上易知，此与编年史同意，时即史之原理也。永终知敝，盖有年所不及编者矣。

礼者，秩序之义，典章制度之通名，故儒者称《周官》曰《周礼》。曩世儒者说史不及礼，遂使《四库》史部但承《春秋》之流，章先生已明辨之矣。今人有驳章氏六经皆史之说者，谓史乃官名非书名，当云六经皆礼。夫章氏所谓史者，乃指典守之官与后世之史部言，示学者以书本记事，古今同体耳。要之为官守之政教典章。以其官与下流部目言，则谓之史；以其为秩序言，则谓之礼；以其为典章制定之常法言，则谓之经。三名一实，而义不相该。以此讥章，则所谓朝三暮四，朝四暮三，名实未亏，而喜怒为用者矣。

《乐经》记乐之声律节奏，与礼为同体。后人有谓乐无经者，非也。章先生《丙辰札记》曰，顾景星赤方氏著《乐论》，谓古无乐经，经解起于后世。孔子但有《易》《书》《诗》《礼》《春秋》，不称经，亦无六经。六经、六纬之言，汉人所立。古人所谓乐者，十五《国风》、二《雅》、三《颂》是也。是《诗》《乐》一而已矣，非有二也。又云，季札请观周乐，太史为之歌《诗》。夫子自卫反鲁，然后乐正，《雅》《颂》各得其所。孔子正《诗》，即是正乐，不得曰《诗》外又有乐也。又曰，器数视史之事，不可为经。又经缺《笙诗》，以其有图无文，如《礼》之鲁鼓、薛鼓，不可称经。其说非也。六经见于《庄》《荀》，不过孔氏再传，非汉人所立也。《诗》《乐》相通，犹《春秋》用《周礼》也。韩宣子聘鲁，见《易象》《春秋》，谓周礼在鲁，不得谓《易象》《春秋》之外，别无《周礼》之经也。礼之节文，乐之音奏，著于竹帛，有名数而无文辞。文辞易于诵习，故后世犹有传授，名数难于诵习，故久远而失传。故礼家但知章句，而徐氏为容。乐家但知传记，而制氏能识铿锵。徐氏、制氏虽不能通经义，而犹为礼乐家所不废，以其皆足以发明礼乐故也。器数不可为经，则《仪礼》之威仪亦不可为经矣。有图无文不可称经，则八卦、六十四卦未有《系辞》，岂不历代相传授乎？鲁鼓、薛鼓不可为经，则今《投壶》之篇未尝非经师相与传授者也。孔子无制作经典之事。述而不作，皆先王之政典，取其足以淑世牖民以存道法，非如后世著述必欲以文辞传也。且如《孙子兵法》，《汉志》八十余篇，且有图也，今存十三篇，文字可诵，而其余失传，必名数图画之难以诵忆者耳。术数诸书，十不传一，亦以多名数而少文辞尔，岂可曰古并无其书欤？无经即亦无其记矣。古之乐记诸家，具列艺文之目，何可诬也。吾昔论古经，辨之尤详。其文曰，六艺于今独缺《乐》，应劭、沈约谓《乐经》亡于秦。是也。近世诸儒多谓乐本无经，非也。若乐本无经，则

《庄子·天下篇》《戴记·经解篇》皆举六经，何不止举五乎？今详驳诸说，而本有经可以证明矣。朱彝尊曰："周官成均之法，所以教国子乐德、乐语、乐舞三者而已。乐德则《舜典》命夔教胄子数言已括其要，乐语则《三百篇》可被弦歌者是，乐舞则铿锵鼓舞之节，不可为经。乐之有经，大约存其纲领，然则《大司乐》一章即《乐经》可知矣。《乐记》从而畅言之，无异《冠礼》之有义，《丧服》之有传，即谓《乐经》于今具存可也。"驳之曰，《舜典》可括乐德之要，便可无乐德之书邪？若然，则《论语》言孝已括要，可无《孝经》矣。《乐语》即《三百篇》，则《三百篇》具存，可歌否邪？可谓乐存否邪？《七略·诗赋》载《周谣歌诗》七十五篇，又载《周谣歌诗声曲折》七十五篇。声曲折者，盖即合乐之声谱。一但载其词，一兼载其声，此即诗乐之分也。宋人之词，今不可歌。而姜夔之词，末附工尺，仅可考见焉，安得谓宋词存宋乐亦存邪。乐之铿锵鼓舞，犹礼之升降周旋。若不可为经，则《礼》十七篇亦不可为经矣。《礼经》非但存纲领，何以断《乐经》但存纲领？若《大司乐》一章即《乐经》，则《大宗伯》一章即《礼经》矣。《冠礼》有《冠义》，乐有《乐记》，正是一例。今乐仅存《记》，则经亡明矣。《四库提要》曰："考诸古籍，惟《礼记·经解》有乐教之文。伏生《尚书大传》引辟雝舟张四语，亦谓之乐，然他书均不云有《乐经》。"大抵乐之总目具于《礼》，其歌词具于《诗》，其铿锵鼓舞传在伶官。汉初制氏所记，盖其遗谱，非别有一经为圣人手定也。驳之曰，《礼记》《书·大传》明白可据，是有经矣，何必他书。若谓周秦古书皆不言《乐经》，则古书又何尝言《礼经》。言礼即指《礼经》，言乐即指《乐经》耳，此何难喻哉。乐之纲目具于礼，此语殊囫囵。若谓其节，则节虽具，自当别有专书射之。总目亦具于礼，不当别有射法邪？徐生《礼容》，即古《礼经》之遗。制氏所记，即古《乐经》之遗也，特不全耳。经者典章，制礼作乐，何为非圣人手定？升降周旋，亦非圣人手定邪？俞樾曰，乐实无经。《乐记》之文，即载《礼记》之中。大司乐之职，即为宗伯礼官之属。乐章即在《诗三百篇》内，然则乐何经哉？至于凫氏为钟，韗人为皋陶，磬氏为磬，其制略见《考工记》，特工师之事耳。乐云，乐云，钟鼓云乎哉。班固言汉兴制氏以雅乐声律，世其乐官，颇能记其铿锵鼓舞。譬之以礼，所谓笾豆之事，则有司存也。孔子正乐，不外于《雅》《颂》之得所，初未尝别为一书。故曰乐无经。驳之曰，谓《乐记》即载《礼记》中，证乐无经，则冠、昏、丧、祭诸义皆在《记》中，礼亦当无经矣。以大司乐即宗伯之属证无经，则大司成亦宗伯之属，当无学礼矣。乐章在《诗三百篇》中，乐制不在《诗三百篇》中也，焉得谓有何经。以凫氏、韗人证乐无经，则典瑞之玉制亦见《周官》，特守藏之事耳。礼云，礼云，玉帛云乎哉。

礼可无经矣。笾豆之事，得谓非《礼经》邪？孔子固不别为《乐书》，又何尝言别无《乐书》。俞氏之言，弥为可笑也。

三、六经之分类

上条所说是就体分，就其内容与用分，则说在"中篇"。辨明此体，则能辨后来一切书籍。班氏名志曰艺文，以六艺统文也。章先生名其书曰文史，以史为文之正也。说在"下篇"。

观上说可知六经当分四类，《易》为一类，《诗》为一类，《礼》《乐》为一类，《尚书》《春秋》为一类。此四类，又可用各种标准作四种分类。《言学附记》曰，凡文不外事、理、情三字。《礼》记现在事，《书》《春秋》说已往事，《易》说未来事。古文不外事而言理，理即在事中。《诗》则情也，然情亦由事生。白居易所谓诗合为事而作也。凡文皆当为事而作，故曰六经皆史。

又曰，《诗》《礼》是横宇；《书》《春秋》往，《易》来，是纵宙。

又曰，《礼》《书》《春秋》是实行，所谓足踏实地，《易》《诗》是空想。《西游记》譬心为孙悟空，无所不到。实踏有限，空想无穷。实踏故质，空想故华。质者方以智，华者圆而神。方极于《礼》，圆极于《易》，《诗》圆而《书》《春秋》方亦兼圆。章氏《易教》《诗教》篇要义，不过于此。章氏答客问曰："《易》曰'不可为典要'，而《书》则偏言'辞尚体要'焉。读《诗》不以辞害志，而《春秋》则正以一言定是非焉。向令执龙血鬼车之象而征粤若稽古之文，托熊蛇鱼旐之梦以纪春王正月之令，则圣人之业荒而治经之旨悖矣。"此语最明，微显文质之殊，了然易见，故曰为学莫大乎知类。

中篇　论教

古之设教，惟以六艺。六艺何以能遍该诸科，已详于《一事论》，今复录其图于下：

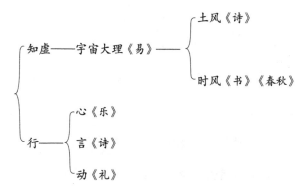

六艺虽皆为教而不皆为教科。大学则乐正四术，春秋教以礼乐，冬夏教以《诗》《书》。女子则九嫔妇学之法，妇德、妇言、妇容、妇功与四术相当。大学以下则《诗》《礼》二学而《乐》在其中。孔子曰："兴于《诗》，立于《礼》，成于《乐》。"又曰："不学《诗》，无以言；不学《礼》，无以立。"此须根据上图而详论之。

《言学》曰，孔子之教，全守先王之法，故删定六艺以授其徒，未尝别为一书。六艺之书，皆有官守。《易》掌于太卜，为天子、诸侯、卿大夫决疑之用，齐民不得传习。《春秋》为列国之史，学者亦无取遍观，此犹今之读书，不习卜筮，不览邸报也。故韩宣子聘鲁，乃得见《易象》与《鲁春秋》，盖得观于官府，其先未能见也。其余四者则以教学士。《记》曰，春诵，夏弦，秋学礼，冬读书，此大学之法也。春诵，诵《诗》也。古者惟《诗》乃言诵，盖曼声咏之。合乐曰歌，徒咏则曰诵。《传》曰，不歌而诵谓之赋。赋不合乐也。故《春秋》称《诗》达情曰赋。夏弦则乐也。不明言诵《诗》学《乐》而但言弦诵者，《诗》《乐》相连，诵则无乐弦，固有《诗》也。礼则曰学，执典章而赞其仪。礼与乐乃音声仪度之事，皆非鼓箧而申占毕者也。子所雅言，《诗》《书》、执《礼》。《礼》言执，明乎非占毕也。占毕者，惟《诗》与《书》。故《孟子》曰，诵其《诗》，读其《书》。而《书》又惟大学有之，掌于太史，故倚相能读坟典丘索，则矜异之。而孔子求帝魁以来之书，必适周受业于守藏史。观春秋士大夫引《诗》者多而引《书》者少，可知当时所习。《孟子》书多引《诗》《书》，少引《易》。赵岐遂谓孟子专长《诗》《书》。由不知此故也。孔子受业老聃，故能尽睹六艺。二圣授受，存先王之道于不坠，乃特有用意，非当时常例。故孔子之教伯鱼，犹不言《易》《春秋》，而但言《诗》《礼》，义本然也。

《书塾教程说》曰，六艺并存，而独取《诗》《礼》，非吾一人之创论也。今录先正之言以相印证。

文中子《中说》曰："门人有问姚义：孔庭之法，曰《诗》曰《礼》，不及四经，何也？姚义曰：尝闻诸夫子矣，《春秋》断物，志定而后及也；《乐》以和德，德全而后及也。《书》以制法，从事而后及也；《易》以穷理，知命而后及也。故不学《春秋》无以主断，不学《乐》无以知和，不学《书》无以议制，不学《易》无以通理。四者非具体不能及，故圣人后之，岂养蒙之具耶。或曰，然则《诗》《礼》何为而先也？义曰，夫教之以《诗》，则出辞气，斯远暴慢矣；约之以《礼》，则动容貌，斯立威严矣。度其言，察其志，考其行，辨其德。志定则发之以《春秋》，于是乎断而不变。德全则导之以《乐》，于是乎和而知节。可从事则达之以《书》，于是乎可以立制。知命则申之以《易》，于是乎可与尽性。若骤而语《春秋》，则荡志轻义。骤而语《易》，则玩神。是以圣人知其必然，故立之以宗，列之以次。先成诸身，然后备诸物；先济乎近，然后行乎远。亶其深乎？亶其深乎？子闻之曰，姚子得之矣。"《朱子语类》曰："孔子晚而好《易》，可见这书卒未可理会。如《春秋》《易》都是极难看底文字，圣人教人自《诗》《礼》起。如鲤趋过庭，曰，学《诗》乎？学《礼》乎？《诗》是吟咏性情，感发人之善心。《礼》是权使知得个定分。这都是切身功夫。如《书》亦易看，大纲亦似《诗》。"张香涛《輶轩语》曰："先师旌德吕文节教不佞曰，欲用注疏功夫，先看《毛诗》，次及《三礼》，再及他经。"其说至精。请申其义。盖《诗》《礼》两端，最切人事。义理较他经为显，训诂较他经为详。且皆郑君元注。《毛传》粹然为西汉遗文，更不易得，欲通古训，尤在于兹。《诗》《礼》兼明，他经方可着手。《书》道政事，《春秋》道名分，典礼既行，然后政事名分可得而言也。《尚书》辞义既古，而汉代今古文两家之经传一时俱绝，故尤难通。《春秋》乃圣人治事大权，微文隐义，本非同家人言语。三传并立，旨趣各异。学者于《春秋》，若谓事事能得圣心，谈何容易。至于《周易》，统贯天人，成于四圣，理须后圣方能洞晓。总之，《诗》《礼》可解，《尚书》之文、《春秋》之义不能尽解。《周易》则通儒毕生探索，终是解者少，而不解者多。故治经次第，自近及远，出显通微，如此为便，较有实获。尹吉甫之诗曰，古训是式，威仪是力。古训，《诗》学也。威仪，《礼》学也。此古人为学之方也。自注云，试考春秋时，几无人不诵《诗》习《礼》，称道《尚书》者已较少。至于《周易》，除卜筮外，谈者无多意，亦可知三代时《易》不以教学童，惟太史掌之。今赖有《系传》，或可窥见一斑云。朱蓉生《无邪堂答问》曰，春秋二百四十年，名卿辈出，而教士之制无闻。然其时人心虽日趋功利，而流风善政，犹有存者，贤士大夫莫不明天人之故。观内外《传》所载，言《礼》意者最多。公卿谪享赋《诗》言志，《诗》与《乐》相表里也。六艺未经孔子删定，《易》但为卜筮之书，《春秋》《尚书》皆史官掌之。故左史倚相能读典坟丘索，以博雅名。子产辨黄熊台骀，亦称博物。凡此皆征史之事，非好学者不能见。若《礼》《乐》，童而习之，野人女子能通大义。其精者则探制作之原，穷性道之实，士大夫学术，莫不以是为归。至战国时仅逾百年，而先王遗法扫地尽矣。按隋王、宋朱皆大儒也，香涛崇汉学，蓉生崇宋学，而其言皆同如此。今更由二者之用详推之，《诗》言《礼》行，固为大纲。然《诗》亦关行，《礼》亦关言。以行论，《礼》主外制，《诗》主内发，所谓主减主盈，一敬一和，无狂狷一偏之弊。此义圣贤论之详矣。以文词之形体论，《礼》质《诗》文，诸子词赋所由分。吾于《言学词派图》论之详矣。以文词之肌肉论，引《诗》为文，吾已撰《言学三举》。引《礼》为质，文理密察之途也。以群书体系论，《诗》该一切微言，《礼》该一切显言。《诗》可通《易》，《礼》可通《书》《春秋》。以为学之法论，《诗》为微求之法，领会其虚；

《礼》为显求之法，整齐其实。

四术二学，据上图观之，尤明诗、礼、乐三项皆修己之事。己之事无过心念言行。发于情而见于言，兴《诗》也。致于行事，立礼也。内德纯全，则成乐也。心念不可见，见于言行。乐亦不独立，其节联于礼，而其词在于《诗》。故言《诗》《礼》而《乐》在其中矣。

何故四术乃有书而二学无有也？以上图观之，属于知者，《易》《春秋》外惟《书》。古之学者欲知宇宙之事理，惟求之书。天时、地理，理财、行政，凡吾所谓史学，西人所谓社会科学者，皆在《书》中。虽曰不备，固惟此矣。若六典之总，三百六十官之目，乃当官之事，专门之业也。是故《书》也者，究世务之书也。《大学》之学，兼在亲民，故加书焉。二学只修己，故无书也。

妇学四法，何故与四术相当也？妇德即内德，当四术之乐。妇言即《诗》，妇容即《礼》。古之言教惟

《诗》，容即徐生善为容之容。章先生《妇学篇》已详。钱竹汀亦言容即礼容。功则职业也。男子之业在于应外，其大曰治平，凡社会之事，皆宜知之，故读书以辅其入官。妇人无外事，故以家事为功也。

三代而后，六艺、四术之教虽亡，而设教之原理自在。存养其心，省察其行，是即礼乐也。明理则史学，是即《书》《春秋》《易》也。工文则《诗》教也。工文之说在《下篇》。

下篇　论文

一、凡文皆本六经

凡一切文字之体，无不本于六经，故六艺统群书。辨六艺以辨群书，则得其体。因所载之殊而后体殊，故辨体即以辨义，是谓校雠。

凡文字之所载，不外事、理、情三者。记事之文谓之史，说理之文谓之子，言情之文谓之诗。

记事之文若史，若传记，是《书》《春秋》之流也。若制度，即政书。若谱录，若地理书，是《礼》之流也。言情之文若诗，若词，若曲，广而为赋、颂、赞，变而为设词、连珠，是《诗》之流也。独说理之文，则六艺无之。盖古人不离事而言理。《易传》《戴记》之解经，

《论语》之记言，皆传也，而非经也。说理之文，盖源于《易》与《礼》，以虚理为体，由《易》而衍也。变官守之行事，为私家之空言，则自《礼》而散也。《易》微《礼》显，各走一端。天人既裂，而诸子由是纷纷矣。故刘氏《七略》分为六艺、诸子、诗赋三类。诗赋以六经之一席而蔚为大国，诸子则后六艺而兴，即专以文言，一文一质，承《诗》与《礼》，亦六化为二也。

又有一不在六艺者焉，则告语之文也。告语之文兼事理与情。记事则史也，说理则子也，道情则《诗》也，虽别为一体，实分属三种也。祝、祭、哀、诔，显出于《诗》，碑、铭记事，兼史与《诗》，箴、诫言理，兼子与《诗》。

二、学文独宗《诗》教

《言学》曰，三代大学小学之法，散著经记六艺外，不闻有他书，岂古之教无文辞乎？《传》曰："言以达志，文以足言，不言谁知其志。"《诗》，言辞之辑矣，辞之协矣。孔子言辞达，曾子言辞远鄙倍，古之学必有文辞决矣。然则学文辞何道？曰，学《诗》。

又曰，文字之用，《礼》《书》《春秋》皆依实事，惟《诗》乃为出心达情之具。夫出心达情，亦何必于文字，日用伦常之需言者，出于口而足，其不可言者，不言可也。然而不能禁其无言，故有《诗》，而隐不能言者亦毕达焉。《诗》教温柔，主文职是故也。道一风同，民安其业；道在躬行，事有官守。学者学此而已，无取任心立说，故当时之无文辞，乃无所用其文辞也。然又有不得不用文辞者，则告语之事也。告鬼神则祝、祭，告生人则号令、书简。号令在官，无庸预学。春秋士大夫酬答，皆以言词，罕用书牍，惟朝聘之事，不得面见，必需言辞，然亦以人代言，非专以文代言。古之所谓言，如是而已。而其言皆本于《诗》。《诗》

为行人所守，诵《诗》为专对之用，《诗》之文非酬答，取其辞之温柔敦厚，以为言之准则耳。夫古之言惟《诗》，而惟行人学之，非小《诗》也。言之用惟行为急，其他皆不重言，古者重行然也。四言以蔽之曰，古无专文辞之书，古教不专文辞，古言范围于《诗》，古之诗非今之文辞。然则《诗》为言学，非今道欤？曰不然。今世学者，不得不学文辞，而文辞亦莫不本于《诗》。初与《易》《书》《礼》《春秋》不相混。古言少，惟学《诗》，今言多，亦皆出于《诗》。孔子教伯鱼法，可教万世也。

上言史、子、《诗》为三纲，又言六艺文质化六为二，何故独宗《诗》教也？曰，《诗》亡然后《春秋》作。史之抑扬，本于《诗》也。用名法之质，兼纵横之文，以虚饰实，是诸子之专长。名法本于《礼》，而纵横则行人之流，而辞赋之源也。此义章先生《诗教篇》已详。文之所以为文者，具艺术之工，情感之力也，此《诗》之所独具，而《易》《书》《春秋》《礼》之所无也。故凡文之质皆本于《易》《书》《春秋》《礼》，而其文皆本于《诗》。

三、六经可该学术之流变

旧作《经教篇》曰："《记·经解篇》孔子曰：'入其国，其教可知也。其为人也，温柔敦厚，《诗》教也；疏通知远，《书》教也；广博易良，《乐》教也；洁静精微，《易》教也；恭俭庄敬，《礼》教也；属辞比事，《春秋》教也。故《诗》之失愚，《书》之失诬，《乐》之失奢，《易》之失贼，《礼》之失烦，《春秋》之失乱。其为人也，温柔敦厚而不愚，则深于《诗》者也；疏通知远而不诬，则深于《书》者也；广博易良而不奢，则深于《乐》者也；洁静精微而不贼，则深于《易》者也；恭俭庄敬而不烦，则深于《礼》者也；属辞比事而不乱，则深于《春秋》者也。'《淮南鸿烈·泰族训》曰：'六艺异科而同道，温惠柔良者，《诗》之风也；淳庞敦厚者，《书》之教也；清明条达者，《易》之义也；恭俭尊让者，《礼》之为也；宽裕简易者，《乐》之化也；刺讥辩义者，《春秋》之靡也。靡即摩，亦化意。故《易》之失鬼，《乐》之失淫，《诗》之失愚，《书》之失拘，《礼》之失歧，《春秋》之失訾。'《诠言训》曰：'《诗》之失僻，《乐》之失刺，乖也。《礼》之失责。'二书皆言人之习情，非论文学。然所谓教者，即可论文之本体。所谓失者，即可论学之流变。盖立体之所以设教，学变生于习失也。"今参综而论之。

《诗序》曰："诗者，志之所之也。在心为志，发言为诗，情动于中而形于言。""主文而谲谏，发乎情，止乎礼义。"郑氏《笺》曰，谓譬喻不斥言，不直谏，不斥不直，即温柔敦厚。温柔故戒刚直，敦厚故戒浅薄。主文者与他经之主质殊也。惠，爱也，情之厚也。良，善也，情之正也，所以异于谿刻儇薄也。潘德舆论诗举《大雅》曰，柔惠且直。直即良也。后世诗词，应事摹物，大半无志。其有志者，又不修节，粗厉以为古，直廉而不婉，是不温柔也。瘠率以为真，枯放而无风，是不敦厚也。无情不得为诗，而情之真笃则类于愚。故郑氏《注》曰，敦厚近愚。忧有狐之无裳，乐苌楚之无知，徘徊于《远游》，愤懑于《天问》，下至后之诗人，恨花怜草，问月劝风，皆所谓愚也。而云失愚者，直情径行，哀而伤，怨而怒，发而不止也。愚即释氏所谓痴，不痴非情之至，而过痴则非情之正也，故曰僻。文人愤慨于穷通，荡士流连于声色，苟以异为高，往而不反，皆所谓僻也。

疏通者，孔氏《疏》曰，书举大纲，事非繁密。章学诚所谓因事命篇，本无成法也。子夏称《书》昭昭若日月之明，离离若星辰之错行，疏通之效也。淳庞敦厚者，扬雄所谓虞、夏之《书》浑浑尔，《商书》灏灏尔，《周书》噩噩尔。今人章炳麟所谓美言总摄，与汉世碑、颂相近者也。知远者，太史迁所谓述往事，思来者，究天人之际，通古今之变。章学诚以《易传》说史法，方以智，圆而神，神以知来，智以藏往，亦即疏通之义也。郑《注》谓知远近诬，盖好任己意，以今推古，乖事实而误褒贬也。拘者泥古而不达时变，固执一解而不能通观，此皆后世史家之通弊也。

广博者，孔《疏》云，无所不用。盖八音并奏，肖人之殊情，《记》所谓合同而化，亲疏贵贱长幼男女之理，皆形见也。易良者，孔《疏》云，使人从化。盖《记》所谓足以感动人之善心也。宽裕即广博，巽而易入也。简易即易良，《记》所谓大乐必易也。奢淫者，《记》所谓乐胜则流盈而不反，则放流湎以忘本，感条畅之气而灭平和之德者也。刺者乖于平和也。今之曲剧，即古之乐。其辞雅俗兼陈，众流毕肖，所谓广博也；缠绵丁宁，童媪皆解，所谓易良也；而摹写太过，诲淫诲盗，则所谓淫刺也。

《易》体简而严，故曰洁静清明。若其精微，则《大传》言之详矣。条达者，《大传》所谓触类而长之也。贼，害也，后之《易》家术数之流，多为律例，穿凿小苛，欲条达而不通，欲洁静而滋烦者，贼也。好推术数而不切人事，外若精微内实隐怪，则所谓鬼也。

《书》曰："礼烦则乱。"《语》曰，文胜则史。皆如鲁昭，乃启原坏忮责者。烦文相稽，责善则离。太史迁曰，鲁道衰，洙、泗之间，龂龂如也。昔称议礼之家为聚讼，道家诋儒者为司空城旦书，皆忮责之故也。《左氏传》曰："《春秋》之称微而显，志而晦，婉而成章，尽而不污。"董仲舒曰，《春秋》记天下之得失，而其所以然之故，有常有变。不义之中有义，义之中有不义。为《春秋》者，得一端而多连之，见一空而博贯之。后之说《春秋》作史者，过求其所以然，有贬而无褒，刺讥而不婉晦，诬罔而苛刻，故曰失訾。不明常变与义，则议

081

多而益谬。强为属比连贯，则例多而愈棼，故曰失乱。

凡诸失者，有所由出，而不专在所出。愚僻不独《诗》家，奢淫不独《乐》家。为《春秋》者亦有诬，为《易》者亦有烦。凡穿凿皆贼乱也，凡苛刻皆责訾也。教固相备，其失亦相连也。

刘献廷曰，世之小人，未有不好唱歌看戏者，此性天中之《诗》与《乐》也。未有不看小说，听说书者，此性天中之《书》与《春秋》也。未有不信占卜鬼神者，此性天中之《易》与《礼》也。由是以言诸失，固不独在文，又不独在六艺之教矣。上之为诸子，下之为群民，皆有此情，皆有此失。是以圣人立六经以教之。而今儒之淫僻者，谓六籍记事不为化人。古文家。其贼乱者，则谓六经皆立微言，非各为显用。今文家。左右佩剑，其可不折诸？

此篇推论学术，不独论文，然实仅指文字之学，故以终焉。

附：道家史观说

吾常言，吾之学，其对象可一言以蔽之曰史，其方法可一言以蔽之曰道家。何故舍经而言史，舍儒而言道，此不可不说。吾侪所业，乃学文之学，非《论语》首章所谓学也。此学以明事理为的。观事理必于史。此史是广义，非但指纪传编年，经亦在内。子之言理，乃从史出，周秦诸子，亦无非史学而已。横说谓之社会科学，纵说则谓之史学，质说括说，谓之人事学可也。

道家方法如何，一言以蔽之曰御变。御变即是执两。《认经论》所说校雠法，即执两之入手。用中御变，一纵一横，端是横，变是纵，要之皆两也。《左右》篇已详之。

吾论史学已详，而于道家尚未专说。又道家、史官、天官三者相连，此义亦尚未拈出。今简直说之。

《七略》曰，道家者流，出于史官，秉要执本，以御物变。此语人多不解。不知疏通知远，藏往知来，皆是御变。太史迁所谓通古今之变，即是史之要旨。吾名之曰察势观风。此观变之术，道家所擅长。道家因出史官，故得御变之术。史家因须有御变之识，故必用道家之术。老子为守藏史，马迁家学本道家，其明证也。

周官太史本掌天事，汉世太史令亦兼掌天文、律历。司马迁亦云，文史星历近乎卜祝之间。史何以与天相连邪？《左传》多载灾祥预言，被后人讥为夸怪，究何故邪？太史迁自言其书继《春秋》，而从董仲舒传《春秋》。仲舒之学，乃阴阳五行，与迁之所说全无所似。迁自言究天人之际，而全书中言天人者殊少。究竟何为天人之际，岂果徒作门面语邪？凡此皆昔人所未明解。今之学者，必以古代学问皆出神教解之。夫一切学问，后皆离神教而独立，何故天文与史书独尚联合？此必须求联合之故而后可解也。盖天道之显然者为四时，史本根于时间，变本生于时间。

变乃自然，道家之所谓道，即是自然。自然即是天。《孟子》曰："莫之为而为者天也。"道家、史家之所谓天，即指莫之为而为者。迁所谓天人之际，即是古今之变耳。四时即天道之变，而人事该焉。人事之变，不能逃天道。《易》之数与史之风，实相同也。六经中《易》言天道，而董氏则以《易》治《春秋》。太史曰，《春秋》推见至隐，《易》本隐以之显。即谓由事见风，以数该事耳。由此贯说，数也，时也，风也，皆变也。

吾所说得两，即道家史家之要。《易》之所谓盈虚消息，《老子》所谓正奇倚伏，《淮南》所谓始终，皆是变，亦皆两之变。既止有两，故为往复。《老子》曰，天道好还。即是此义。所以《易》与史与道家皆主循环论。近来进化论盛行，而哲学中经验主义矫正唯理主义之虚幻，认一切事物为个。个不相同，恰与进化论相合。于是无论何学，皆以进化观念解之，而不信循环论。不知物质可言进化，已不尽然，后人衣食住之事固比前人繁细工巧，然时行之物易时便陈，陈者易时又为新。况可该一切乎？

道家之说源远流长，以言乎观事理，则其论势乃儒家论理之预备工夫。以言乎处世，则其柔谦亦儒家中庸之次。吾华人自圣贤以至于愚民，无非道家。此语似颇骇人，实不奇异。以史言，上则《易经》，中则《史记》，以至《儒林外史》；以子言，除人共知为道家者不论外，上自《金人铭》，最古之格言。中则宋儒程、邵，明儒王阳明，下至《增广贤文》；以人言，高为诸葛武侯、李邺侯，下至乡间老农，无非道家也。道家与法家乃和介刚柔动静之代表，故儒家之知和柔静者，无非兼取道家。但世人不察，遂止知《老》《庄》《淮南》耳。后人眼中似谓三代而后全为儒家之天下，不知所谓儒者大都不偏刚即偏柔，非中法家之毒，即受道家之风耳。

道家学术之大要，可以数言尽之。因见变之徒劳，故主退让，此不过多算一著。世俗猜拳中有大指二指小指环相胜之一法，恰可比之。此即五行相胜之理，亦即两之理也。见变之不可免，故主静，因凡有所作为，须合于时几。加人力而失时，必败，故主无为。其流为打乖，此论势之弊也。要之，由得两而生知几，即知时。知时生退静，退生柔让，静生因与无为，总之可名为圆，又可名为任天。天道本圆，循环亦即圆形也。人生态度不出三种，一曰执一，举一废百，走极端者，诸子多如此，此最下。二曰执两，此即道家。子莫乡愿似执两，而非真执两，何也？子莫执中，实是执一。乡愿生斯世，为斯世，是不能御变。进化论即是生斯为斯，固显与道家不同。黑格尔正反合三观念，颇近道家，然因而推论云现实即合理，合理即现实，是即论势忘理，为道家之弊。然不得谓道必流于乡愿。果能执两，则多算一筹，当矫正极端，安得但以当时为是而同流合污哉。即言御变，必有超乎变者，故道家之高者皆言守一。夫至于守一，则将入第三之高级，老、孔之正道矣。老谓之得一，孔谓之用中，此即超乎往复者也。

道家学说无总集之本，吾尝立愿撰集之，未暇也。《老子》深远不止如上所言，《庄子》放言恢广，《管子》中数篇专言内静，皆不止上所指观变退让而已。慎到别成家法，《鹖冠》精义无多，今皆不论。

《淮南》书《道应》《泛论》《诠言》三篇最为精纯。《概闻录》末篇，凡《庄》《淮南》之要语略具，可为提要。

《左书》中邵尧夫学说当与此参看。

本　官

　　官学变为师学，六艺流为诸子，向、歆发之，章学诚申之，不可易矣，然皆未竟其说。近世附和者，大都剽浅，不悉其条理。刘光汉、章炳麟亦但举其证而未详其义，于是学者多疑之，谓诸子深思自得，逐变而起，何必上有所承。此不可不辨也。吾尝审思刘氏之说，而贯以《周官》《吕氏春秋》之义，乃始明之。刘氏之总说九家曰，九家起于王道既微，各引一端，崇其所善，其言虽殊，譬犹水火相灭亦相生也。仁之与义，敬之与和，相反而皆相成也。《易》曰，天下同归而殊途，一致而百虑。今异家各推所长，虽有敝短，合其要归，亦六经之支与流裔。其说杂家曰，兼儒、墨，合名、法，知国体之有此，见王治之无不贯。此固已明白矣。夫王治者，诸流之统宗，未分之合也。杂家者，诸流之和会，已分之合也。王治散于六经之中，而莫备于《周官》；杂家起于诸流之后，而莫善于《吕氏》。故一贯之而其分合之数可明矣。夫天道阴阳，地道刚柔，人道仁义，故天有寒暑而人有沉潜高明，天有五行而人有五性，天有春秋冬夏而人有喜怒哀乐。五行无常胜，《墨经》说。而四时无不变；喜怒不相兼，而耳目不相代。然皆给于用，不可缺一。圣人承天，开物成务，立政施教。其官于天，故曰礼乐明备，天地官矣。庖羲纪龙，神农纪火，不可详矣。共工纪水，服虔说为春官东水，夏官南水，秋官西水，冬官北水，中官中水。黄帝纪云，服虔说为春官青云，夏官缙云，秋官白云，冬官黑云，中官黄云。《管子》传黄帝六相，蚩尤明天道为当世。注曰，谓知天时所当。太常察地利为廪者。注曰，廪，给也。谓开廪以给人。苍龙辨乎东方，故为王土师。注曰，即司空。祝融辨于南方，故为司徒。注曰，谓主徒众使务。大封辨乎西方，故为司马。注曰，主兵马以出征。后土辨乎北方，故为司李。注曰，李，狱官也。象水之平。少昊纪鸟，则郯子说之详矣。虽或传闻增饰，要之设官分职，本顺物则也。周立六官，盖监二代而祖黄帝，虽义或不同，而皆有所取。天施地化，故天官总治而地官司土。司徒即司土。吴大澂说。此其所同也。东为土师，取义生育，春官宗伯，则取和神也。南为司徒，取义耘作，夏官司马，则取养士也。司马主士，即《月令》养壮佼之义。西为司马，取义金杀，秋官司寇，则兵为大刑也。北为司李，取义哀死。蜡祭以丧服送万物之终即此义。冬官司工，则农隙工作也。司空即司工。亦吴大澂说。其他政令，莫非各有取义。《戴记·月令》存其遗意，非故为高远迂怪也，人事之自然也。董仲舒善言天人，知其分合。其说春夏为德，秋冬为刑。德为喜乐，刑为怒哀。春乐、夏喜、秋怒、冬哀。木为司农，火为司马，土为君官，副以司营，金为司徒，水为司寇，虽或配隶不当，大旨固了然矣。贾谊《五曹官制》盖亦其类。要之，有其事则有其官，有其情则有其业。周以六官为统，而分三百六十，各守专业，各尽所长，如耳目之不相非，函矢之各得其用。《中庸》曰，如四时之错行，日月之代明，万物并育而不相害，道并行而不相悖。夫焉有所倚，大道固如是也。及王治既衰，君失其统，上无道揆，官废其职，下无法守，畴人子弟，失其官业，职废而事缺，器亡而道隳，犹人之五官残而不具。诸官之裔怀其素学，目睹时弊，见谓乱生于己术之废而不明，乃私相讲论，穷究其说，上援古帝以为重言。《庄子》所谓重言，借耆老以为重。《别录》曰，六国时，诸子疾时，怠于农业，道耕农事，托之神农，此其验也。江瑔、胡适谓刘氏误以农家本旨为其敝，不知农家初兴，自必不言并耕也。他皆类此。故司徒不修而儒家兴，史官不修而道家兴，羲和不修而阴阳家兴，理官不修而法家兴，礼官不修而名家兴，清庙不修而墨家兴，行人不修而纵横家兴，议官不修而杂家兴，农稷不修而农家兴，稗官不修而小说家兴，司马不修而兵家兴，明堂羲和史业不修而数术兴，医师不修而方技兴，即它嚣、魏牟、慎到、田骈，亦缘贵身毋我之义也。故《荀卿·非十二子》皆以为持之有故，言之成理。庄周《天下篇》之论诸子，皆推其原，谓古之道术有在于是者。此刘向所谓出于某官，此其所长者也。推之既极，遂欲以一端而概众事。《中庸》曰："道之不行也，我知之矣，知者过之，愚者不及也。道之不明也，我知之矣，贤者过之，不肖者不及也。"《孟子》曰，所恶于执一者，为其举一而废百也。《庄子》曰，以天下之美为尽在己。拘于虚而不可语。大理自贵而相贱，故莫不然，莫不非。《秋水》。又曰，彼亦一是非，此亦一是非。物固有所然，固有所可，惟达者知通而为一，为是不用而寓诸庸。《齐物论》。又曰，古之人其备乎，配神明，醇天地，育万物，和天下。六通四辟，大小精粗，其运无乎不在。其数散于天下而设于中国者，百家之学时或称而道之。天下大乱，贤圣不明，道德不一，天下多得一察焉以自好。譬如耳目鼻口，皆有所明，不能相通。犹百家众技也，皆有所长，时有所用。虽然，不该不遍，一曲之士也。悲夫，百家往而不反，必不合矣。后世学者，不幸不见天地之纯，古人之大体，道术将为天下裂。《天下》。荀卿亦略知此，故其《非十二子》以为不足以合文通治，不足以合大众，明大分，不足以容辨异。不可以经国定分，不可以为治纲纪。而《解蔽篇》历数诸子之蔽曰，此数具者，皆道之一隅。道者，体常而尽变，一隅不足以举之。曲知之人观于道之一隅，而未之能识也，故以为足而饰之。四子之言详矣。夫四子则何以知此哉？老、孔以至于思、孟之所传，固天地之纯，古人之大体也。儒之并立于九流者，非儒之真与全也。庄周、荀卿虽不如思、孟，而于老、孔之传盖有得焉。抑道家出于史官，太史守六典之副，备知古今，深观物变，固得见大体也。刘氏称儒家于道最为高，司马谈论六家，独推道家，盖以是矣。惟其各有所蔽，故皆相反对。苟但知显，则非庄、杨；但知我，则非墨。许行但知齐均，则与商、韩反；商、韩但知恶恶，则与墨翟反。夫若商、韩之说，是人当有怒而无喜也。如苟之说，是理乃有末而无本也。有和同亦有等差，故仁非墨翟之所谓也。有尊卑亦有降腾，故义非商、韩之所谓也。《吕氏》知其可合也，故以十二月纪统之。春则系牟朱之说，秋则具兵家之言，夏则沿养士之义，冬则取送死之道。故其《序》曰，古之清世，是法天地，凡十二纪者，上揆之天，下揆之地，中审之人。其书虽未能综贯无遗，而去取诸子之说，盖能节其流弊矣。此向所谓知国体之有此，王治之无不贯者也。夫有司寇，则商、韩之说非无可取也；有司马，则兵家之说非无可取也；以崇本言，则农家之说有可取矣；以课功言，则法家之说有可取矣。好名者当取杨朱，自私者当取墨翟。陈仲之行，可以止贪；宋钘之说，可以禁斗。文理密察，则名家在焉；宽裕温柔，则道家在焉。言谈者仁之文，则有辩士之长矣；分散者仁之施，则有侠者之长矣。故《礼运》曰："用人之知去其诈，用人之勇去其怒，用人之仁去其贪。"一天而备四时，一人而含五性，一国而备六典，一而已。要之，承天之道，治人之情，有物有则，乃建之官。故曰，人官有能，物曲有艺，言其自然曰道，庄之所谓纯与大体也。言其当然曰礼，荀卿之所谓分也。庄言道术，刘则言官，其义无殊也。宋刘敞犹知之，以百工譬诸子曰，百工殊智而同巧，并而容之，并而任之者，司空也。今人胡适据《淮南·要略》，谓诸子之术，皆应时救弊，以非刘氏出官之说。不知此与出官之旨初不相背，官不修则弊生矣。诸子并兴，或相反对而相引，非皆此代彼兴，相嬗而相引也。本官言其所从出也，救弊言其所由成也。合者，本之官也，非其流也。代兴者，流之子也，非其本也。二义岂相妨哉。适又谓行人乃官守，纵横乃政术，二者岂相渊源？不知纵横二字，聊为专尚谈说之目耳。行人不修，乃有以谈说为长者，何碍之有？至于《七略》所收之书，出入不当，弥无关于出官之说矣。今人有江瑔者，略读刘、章之书而未明其要，谓六艺当属儒家，九流皆出于史，则皆出于道家。其说甚悍。又谓九流名称不当。儒为学士通称，不能独加孔门；道为道术通称，不当独加老、庄。其说虽是而亦不足诋刘。儒家之称，起于诸子不法先王，故指法先王者为儒以别之。道家之称，则因儒家言礼，法家言法，老氏之裔，超礼与法，则以道自标。此皆就其指目，聊为表别，非定名，亦非强名之也。至谓杂则非家，家则不杂，则又泥矣。杂家犹言杂色也。岂得云杂则不色，色则不杂邪？胡适又谓古无无名学之家，故名家不成为一家。此则他家可兼名家，而名家自专于名，何足为难。惠施之去尊，公孙龙之偃兵，固非其所重也。至于合道法而为一，不信《周官》，则适一人之说，固不得以非古人矣。夫九流之说，诚止大略，不足尽诸子之流派，如宋钘、尹文不应分属小说、名家，其言所出，亦有未安。儒系司徒，则失之狭；墨出清庙，则失之浑。然本官之义，固不以是而废也。观其所举官名，杂采三代，而如清庙之守议官，稗官且无所征，彼岂不知强配之为拙邪？将以示其大旨也。章先生《和州志艺文书序例》曰，周官之典籍富矣。当日典籍具存，而三百六十之篇，即以官秩为之部次。衰周而后，官制不行，而书籍散亡，就十一之仅存，而欲复三百六十之部次，非凿则陋，势有难行，故不得已而裁为《七略》耳。其云盖出古者某官之掌。盖之为言，犹疑辞也。欲人深思而旷然，自得于官师掌故之原也。观此论而胡、江之蔽可见矣。

医　喻

　　章实斋先生《说林》一篇最为精粹，而多以医为喻，盖欲明执两御变之道，喻固莫切于此也。万物无全用，一切学无非药也；圣人无全功，一切术无非医也。世人于医，知偏之为害，而于学则不免执一，盖其效之近远异也。务于同而忽于异，昧于史而竞于子，识有通塞，观于医家而百家可知矣。故莫若以医喻。

　　元黄溍《荀应雷墓志》曰，江南言刘、张之学自公始。公所著书大旨，以为医当视时盛衰。刘守真、张子和辈值金人强盛，民悍气刚，故多用宣泄之法。及其衰也，兵革之余，饥馑相仍，民劳志困，故张洁古、李明之辈多加补益之功。至于宋之季年，医者大抵务守元气而不识攻伐之机，能养病而不能治病，失在不知通其变也。潴弟子戴良《赠周原启序》亦申此说曰，守真、子和，俱当金之盛时，且地有北方风气，坚劲而禀受雄浑，饮食充厚而保养慎密，按此不然。正推保养不过慎密，故抵抗力强。故其治疾也，每以大实大满视之，而用泻法以攻其有余。明之则当国势向衰，师旅饥馑，相寻于邦域之中，世人之忧惊而气耗矣，故其持论每以固根本为重，而用补法以助其不足。又《赠朱碧山序》述碧山之言曰，医固无南北之异，而习其学者宜有以消息之。北方风气浑厚，秉赋雄壮，兼之饮食嗜好朴厚而俭素，非有戕贼斲丧之患也。一有疾焉，辄以苦寒疏利之剂投之，固快意而通神矣。若夫东南之民，体质柔脆，肤理疏浅，而饮食之纵，嗜好之过，举与北方之人异，顾欲以前法施之，不几于操刃而杀人乎？是故北方之治疾，宜以攻伐外邪为先；南方之治疾，宜以深养内气为本。斯意也，河间亦尝及之，但引之而不发。此皆论时与地之殊也。不独此也，寇宗奭《本草衍义》曰，人有贵贱少长，病当别论；病有新久虚实，理当别药。人心各面，脏腑亦异，乃以一药治众人之病，其可得乎？故张仲景曰，又有土地高下不同，物性刚柔，食居亦异。且如贵豪之家，形乐志苦者也。衣食足则形乐，心虑多则志苦。形乐则外实，志苦则内虚，所养既与贫下异，当各逐其人而治之。后世医者，直委此一节，所失甚矣。此则更及于本质之殊矣。故曰，所恶于执一者，谓其举一而废百。宋方勺《泊宅编》曰，蜀人石藏用好用煖药，杭人陈承余好用凉药。俗曰，藏用担头三斗火，承余箧里一盘冰。此非所谓诐辞淫辞之类邪？

夫药与医曷自生乎？曰，病也。未有物吾不得而知之也，既有物则皆有病矣，宇宙一病院也。故吕新吾曰，天地万物只到和平处无一些不好。又曰，惟平脉无病，七表、八里、九道皆病名。夫祁寒暑雨，天失其和也；山高水深，地失其平也。至于人者，则受气有厚薄清浊之殊，而其质千差万别者也。狂者病狂，狷者病狷，刚者病刚，柔者病柔，未有备而无偏，全而无患也。为道者无他焉，绝长补短，节过文不及，以期于和而已。故人生之的归于善，而善之实则为和。刘孔才曰，人之质量，中和最贵。《老子》曰："冲气以为和。"子思曰："发而皆中节谓之和。"《乐记》言乐之淫曰："感条畅之气而灭平和之德。"言乐之成曰，先王合生气之和，使之阳而不散，阴而不密，刚气不怒，柔气不慑，反情以和其志，然后发以声音，动四气之和。是故欲知医者必知药，欲知药者必知病，《老子》曰："夫惟病病，是以不病。"

俞荫甫《论语小言》曰，神农著《本草》，不著方书，但举药之为温为寒为攻为补者，以诏后世，而用之之法，则听之于人，何也？病万变，药亦万变。吾制方以示人，使后之医者执吾之方以治病，则生人者十一，杀人者十九。是以孔子言治，止曰富教，不言所以富，所以教也。若孟子则详言之矣。是以孟子之言不行于一时，孔子之言可行于万世。按俞氏之论病药是也，而遂以此抑扬孔、孟则非也。孔子时，古方具在，故不立方。孟子时，古方将亡，故述之耳。非孔子固不言方而孟子好言方也。夫所贵乎言者，贵其成方也。方之用，止于一病；言之用，止于一事。故《记》曰，言岂一端，各有所当。章先生曰，一言而无所不该，虽圣人有所不能。孟子之言固为一时言也，若徒陈药而不陈方，则将务为浑泛而无当。近世殿试策可以超孟子而配孔子矣。俞氏之言，适形其为乡愿之见而已。

左　右

　　《公孙龙子》曰："二有右乎？曰，二无右。二有左乎？曰，二无左。右可谓二乎？曰，不可。左可谓二乎？曰，不可。左与右可谓二乎？曰，可。"此谓左与右并言为二，而左右之名生于一也。《老子》曰："一生二，二生三，三生万物。"《说苑》亦曰："发于一，成于二，备于三。"龚定庵曰："初异中，中异终，终不异初。"然则仍二而已。阴阳实一太极，阴偶阳奇而为三。三者顺数其变，犹名家言牛一、马一、牛马一而已。虽三而实一也。朱元晦谓邵尧夫言数理遇物皆成四橛。夫春夏秋冬，一阴阳消长耳，虽四而实二也。二者何？两端也，如悬衡焉。凡事皆有两端，《淮南》曰："不称九天之顶，则言黄泉之底，是两末之议。"两末即两端，宇宙之多争以此。

纵言之则为源流。吕新吾曰，悬坠当两壁之间，人以一手撼之，撞于东壁重，则反于西壁亦重，无撞而不反之理，无撞重而反轻之理。待其定也，中悬而止。此可谓善喻矣。治术之相矫而皆弊，其证多矣。章实斋曰，风气之开也，必有所以起；风气之衰也，必有所以敝。《老子》曰："万物并作，吾以观其复。"《淮南》曰："见其始即知所终，见其所生则知所归。"此道家之微言也。《易象》曰："永终知敝。"道家明于纵之两，故以常道御反复焉。

横言之则为反对，若周秦诸子是也。荀卿谓庄周蔽于天而不知人，卿则蔽于人而不知天。墨、宋为人而杨、魏为我，墨子贵兼而料子贵别。荀卿所谓倚其所私者也。《中庸》曰："智者过之，愚者不及；贤者过之，不肖者不及也。"又曰："执其两端而用其中。"又曰："夫焉有所倚。"此儒家之大义也。《易传》曰："中正以观天下。"儒家明乎横之两，故以中行折狂狷焉。

夫天地具四气，而草木多得一时之气，故桃李华于春而木槿荣于夏。人之异于草木者，以其兼备，故曰，人者，天地之中，五行之秀。然而气质之偏，每不能归于中。纵言之，则壮老之偏。孔子曰，血气方刚，戒之在斗；血气既衰，戒之在得。横言之，则刚柔之僻。《商书》曰，沉潜刚克，高明柔克。惟各趋于极端，故不能群居而和壹也。

子思作《中庸》以正诸子，儒家之旨在中，人所知也。道家者流则谓之半，《老子》尝言不欲盈，去泰去甚。邵尧夫衍其义曰，美酒饮教微醉后，好花看到半开时。明人李密庵者，又广其义，作《半半歌》，有云，半之受用无穷，半里乾坤宽展，会占便宜止半。此义虽稍狭，亦所以矫极端也。盖半者，纵之中也。中国之人，饫儒道之教，故能守中庸，不似外域之好极端。

夫中者，一而非两者也。两者，多之象也。一之于多，皆有而皆不也。由皆有而言之，则为包，于是有公容全之说；由皆不而言之，则为超，于是有虚无之说。

公也者，尸佼曰，孔子贵公。《吕氏春秋·序意》曰，循其理，平其私。私设精，则智无由公。以日倪而西望知之。不倪者，日之中也。

容也者，《老子》曰："知常容，容乃公。"刘敞曰，君子之道，不出乎中。中者，所以并容也。并容所以为大也。《中庸》状孔子之德曰："万物并育而不相害，道并行而不相悖。"《礼运》状大顺之实曰："连而不相及也，动而不相害也。"《七略》曰："仁之与义，敬之与和，相反而皆相成也。"惟其相成，故能容。

全也者，庄周曰："古之人其备乎。"一曲之士，察古人之全，后之学者不见天地之纯，古人之大体。吕新吾曰，贤人止一味，圣人备五味。

公、容、全之说大矣，是道之包万物也，而非一事之当也。是观大理之术也，而非以制一事也。

正言之为皆有，负言之则为皆不，故佛家之中观以八不为标。黄幼玄道周《执中用中辨》曰，天地之中，始一而分两，循两之端，必还于一，故中之中有一与两。静正而见之，不静不正则不见也。謞謞之言而有是非，胶胶之形而有妍媸，是非之际不得中言，妍媸之半不得中形，故中者，必还于无言，与物以为声尸，以为形始，故圣人贵冥冥之见而贱倾耳之听，贵默默之言而贱骤足之行，所以养静与正，宅中而祖于天地。故用一参两，以两裁一，进退于两而以得一，酌取于一而以得两。此数者，皆非圣人之所执也。用一参两者，一定则不复见两，其说在鸟火虚昴宵日之不同道也。倏忽而易次，千年则更舍。用两裁一者，两迁则不复得一，其说在陆南之反于北，薰极之反于溧也。兼寒与燠则无有和，日进退于两而以得一，酌取于一而以得两者，其说在损益以定管，钟黼以校律，灰飞于室而彼此不应也。此数者圣人常执之，而圣人不用也。常用之，而圣人不执也。故中之于道不寄于物，寄于物则其中散而不可复执。圣人之执之有三道焉，曰衷也，曰当也，曰宗也。衷者，天执之，物有曲折，不衷不得，衷之可执可用也。其说在晷之与表也，在涉海者祀其南指也。当者，人归之，事有疑成，约当则平，当之可执可用也。其说在铨之与权也，在执盖之重其柄也。圣人知其道之可执而有不执，可用而有不用，将使天下之可执可用者不可执不可用者，皆反于不动而归吾宗。虚静以正，虚不见两，正不见一，故使两一皆归于宗。此辨世罕知，故具录之。黄氏之言虚静，是也。乃并用两裁一，进退于两而皆非之，则过也。薰极而溧，是反复也，独无温之时乎？损益者，节过而文不及之谓也，岂如定管校律之不应哉。黄氏之言，足以诠无，不足以诠中，以之诠中则幻矣。既不在物，复何衷何当之可言。曰天执之，曰人归之，只益其支而晦。黄氏之病，盖在过于超相对而求绝对。昔之直言绝对者有吕新吾，其言曰，一中平常白淡无，谓之七无对。一不对，万万者一之分也。太过不及对，中者太过不及之君也。高下对，平者高下之准也。吉凶祸福贫富贵贱对，常者不增不减之物也。青黄碧紫赤黑对，白者青黄碧紫赤黑之质也。酸咸甘苦辛对，淡者受和五味之主也。有不与无对，无者万有之母也。《吕氏》之言当矣，而未知老、孔之即主是也。一与中与平，孔之所言也；常与白与无，老之所言也。白，无色也；淡，无味也。归于无而已，是与黄氏之言同也。夫无者言乎未发耳。虽然未发，非果无也。子思曰："未发谓之中，发而皆中节谓之和。"盖未发之中亦和也。不然，则发曷由而和哉。《老子》言无者也，然又曰守中，又曰万物负阴而抱阳，冲气以为和。且未发之中，固因其浑粹之体无过不及而名之也。中之名固由两端而立也，故绝对者因相对以见者也。是以《易》有太极而始于乾坤。进而论之，虽无与空，亦是相对之名，无固有之负称也。《老子》曰："有无相生。"又曰："埏埴以为器，当其无，有器之用。"若无器之轮，周则其空，奚由见？故绝对不可名，亦不可过求。释家之病，即在过求绝对。

由上言之，包多则归于全，超多则归于无，是亦中之体也，而非中之本义。本义者，间于两也。两有而两不也。言中者以孔子为标。《论语》曰："子温而厉，恭而安。"两有也。又曰："矜而不争，群而不党。"两不也。中难见也，必以两有两不见之，两有又难明也，必以两不明之。

虽然，两有两不者，不必为中也。子莫执中，虽处杨、墨之间而非中也；乡愿同流，虽处狂狷之中而非中也。故子思又辨小人之中庸，执中亦中也，同流亦庸也。故不曰小人之反中庸，而曰小人之中庸，盖两端之间而有一中，如衡之均，所谓一与二为三，如冓字之变为再字。《说文》曰，冓象对交之形。再，一举而二也。王筠《注》曰，以一字举冓字之中央，则折叠成再。二而合一也。执中同流，则如衡之互为轻重，时此时彼，似均而不均，如本字末字之点，当其在上，则不在下，当其在下，则不在上。故曰执中无权，犹执一也。无权者，未知执两也。无权故两皆极，两皆极则犹两皆无矣。此所谓无是非者也。夫所谓中之两皆有。有而已，非极也。其两皆不者，不极而已，非无也。两皆极，两皆无，复何中之有哉。言中者，皆知不极，而每陷于无，此大病也。庄周曰，万物皆有所可，有所不可。孔子曰，无可无不可。有者，执一也，无者，不执一也。泰而不骄，无骄而仍有泰也；乐而不淫，无淫而仍有乐也。若果皆无，则如慎到之无知矣，孔子岂若是耶？中观八不之说，固非孔子之所谓中也。

或曰，明末阉党倪文焕《诋东林疏》曰："聚不三不四之人，说不痛不痒之话，作不浅不深之揖，吃不冷不热之茶。"又俗传《论语》不撤姜食，不多食。《制艺》曰："神明不可不通，而亦不可太通；臭恶不可不去，而亦不可太去。"二语同为笑柄。子之所谓两皆不无乃类是。曰，此二言者乍观可笑，而察之则正是也。不浅不深，不亢不卑也。过冷过热，谁能食之？食固不可不饱，而亦不可太饱；衣固不可不暖，而亦不可太暖。固不易之理也，三尺童子皆知之矣。或曰，孝亦可云不可太孝乎？淫亦可云不可不淫乎？曰，孝，善也。淫，恶也。不与太之两端皆恶也，不可不而不可太，以避恶而从善也。丧致乎哀而毁不灭性，非不可不哀，又不可太哀乎？若淫则本为过甚之称，男女之道固弗绝也。是故不可不与不可太者，乃衷两恶以取善，善即中也。中已定，则所谓一定而两已不见，岂可更言不可不中，不可太中乎。或曰，天下惟一是非，不是即非，不非即是，此之谓拒中，岂有不是不非之理哉？若皆是皆非，则又韩安国之首鼠两端矣。黄氏所谓是非之际不得中言者是也，子何以解之？曰，吾既言之矣，是非即善恶也，两端皆非也，中乃是也。是与非，非两端也，正所谓万为一之分，白不与他色对者也。吾言两端，而子言是非，是以经为纬，较东西以南北也，岂不误哉。

或曰，子之言中也，推之于全与无，而复定之以间，于理辨矣，于事则如何？中之为通，可举证乎？若可以观理而不可以临事，则所谓穷大而失其居矣。曰，欲知中之利，观极端之害可也。姑浅言以明之。昔有无名诗曰："巧厌多忙拙厌闲，善嫌懦弱恶嫌顽。富遭嫉妒贫遭辱，勤曰贪婪俭曰悭。触目不分皆笑蠢，见机而作又言奸。不知那件从人意，自古人生处事难。"《坚瓠集》。此言虽鄙而尽事情。其所举虽非尽为过不及，然亦可见两端之不通矣。希腊亚里士多德之论道德，谓果敢为畏葸与自信之中，节制为趋乐避苦之中，乐施为中，奢靡为过，贪吝为不及。高宏为中，虚夸为过，卑琐为不及。中者曰和蔼，过度者曰暴烈，不及者曰优柔。如是列举甚多，是固人所共承也。

夫中者中也，中之为言当也，此人所皆知也。胡正甫作《明中篇》，以纠正世儒之执散著一，理为至当者曰，世儒区区小当，焉识大当。未识大当，焉知变当。古之儒务当其大当，以该其小当，虽有小弗当，弗暇恤也。今之儒务当其小当，以拒其大当，虽有大弗当，弗暇问也。此亦论中之格言也。虽然，此特言中之既成以后耳。不言公容全，不足以极中之状；不言无不足，以探中之本，而不言问两不足以定中之处，故道贵周于多而必先致其一，而欲致于一必先明于两。

道光中人临川何辉宁善言数理，其《甑峰遗稿·动静说》曰，天下之数不起于两则无两，而有一必有两，两者一之半数也。一不为一，两乃为一。两者，偶一之数，偶即其奇也。凡方域有上必有下，有左必有右，事有起必有止，有先必有后，物有面必有背，无无两之一也。一即二，则二即三矣。数三四者，圆径一而围三，方径一而围四。此说最足明两一之故，因附录之。先儒论两一者，莫著于张横渠。其言曰，一故神，两故化，两不立则一不见。此与老、庄论一三之说相通，兹不具说。

同 异

　　未始有也者不可说，亦无可说也。及其既有则必有同异。惠施曰，大同而与小同异，此之谓小同异；万物毕同毕异，此之谓大同异。荀卿曰，物也者，大共名也。推而共之，共则有共，至于无共然后止。鸟兽也者，大别名也。推而别之，别则有别，至于无别然后止。此言物之皆有同皆有异也。吕新吾曰，春夏秋冬不是四个天，东西南北不是四个地，温凉寒热不是四个气，喜怒哀乐不是四个面，此极言其同也。又曰，有人于此，其孙呼之曰祖，其祖呼之曰孙；其子呼之曰父，其父呼之曰子；其舅呼之曰甥，其甥呼之曰舅；其兄呼之曰弟，其弟呼之曰兄。毕竟是几人？曰，一人也。呼之毕竟孰是？曰，皆是也。此极言其异也。言天地万物之情者莫如《易·同人》之《象》曰，君子以类族辨物睽之。《彖》曰，万物睽而其事类也。其《象》曰，君子以同而异，圣人之所以治天地万物之情者曰礼乐。《乐记》曰，乐者为同，礼者为异。乐统同，礼辨异。以施于人伦，则吾借西方美学之言以言之曰秩序与调和；以观于宇宙，则吾借西方美学之言以言之曰变化而统一。世之儒者，每执统一而忘变化，拘于同而暗于异，此不可不察也。

拘同暗异之弊，至宋而大著。论史则举圣贤之行以为极则，稍异则加贬而不察其事势，故三代后无完人。论子则取平正之言以为合圣，所余则概斥而不详其本末。故诸子家无真面。再举其显者，则杂记之书，无不准经酌史，传志所载，无不温厚和平。《记》曰，天下无道，则言有枝叶；天下有道，则行有枝叶。夫言之枝叶可删也而不删，则剪毫千马，必有一同，皆可以相混，不能见其宗旨矣。行之枝叶不可删也而删之，则五官齐整，直似相书不辨为谁之子矣。

墨翟以尚同为义。其言曰，古者未有政长之时，盖其语人异义，是以一人则一义，二人则二义，十人则十义。人是其义以非人之义，故交相非也。是以作怨恶离散，不能相和合，天下之所以乱者，生于无政长。夫异固不可不同，而翟之所以同者，则不免于强焉。荀卿之言同也，曰，斩而齐。此以《丧服》之齐衰斩衰为喻。是知同之中有不同也。法家则以一切之法故曰绝即截而定。《管子·法禁》。张献忠之屠四川也，平张一线，令人过之。与线齐者生，过不及者皆杀。商、韩之法类是。宋太祖时，有司木官谓积材不齐整，请截之。太祖批其奏曰，截你爷头。太祖盖用道家之术者。道家之齐物，任其不齐也。

唐子西庚《辨同》曰，道至于圣人极矣，岂容复有异乎？然禹之措置如此，汤之措置则如此，文武周公之措置则又如此。使数人者比肩而事主，交臂而共政，则论事之际，吾意其必有同异者矣，宁能尽合乎？是犹有辞焉，曰，时不同也。若诸子之论性，岂复系于时哉？而孟子之说如此，荀子、杨子之说则如此，韩子之说则又如此。使数人者比肩而事主，交臂而共政，则论事之际，吾意其必有同异者矣，宁能尽合乎？是亦有解焉，曰，师友不同也。若子游、子夏、曾子、子张之徒，则又将安所诿哉？皆出于周末，不可谓之异时。皆受道于洙泗之间，不得谓之异师。请业请益，周旋出处，奔走忧患，盖无适而不同者凡数十年，不得谓之异友。而论交论学，如黑白之相反，方圆水火之不相及也，此复何哉？说者以为孔子没，学者无所统一。使夫子在，学者宜不至此。然吾闻孔子行年六十而六十化，始之所是，卒而非之。曰："言岂一端而已，夫各有所当也。"此一人尔，而有所谓昔日之言者，有所谓今日之言者，而况于众口乎？是以先王知群言之不可一也，因使人人得极其说而不以同异为诛赏。公卿大夫之出于斯时者，亦人人各荐其所闻而不以同异为喜愠。何者？闺门之内，父子兄弟相与言而有可有不可，筮人布筮，卜师引龟，而参之一从一不从。故曰，物之不齐，物之情也，宁可罪哉？今为申、商之学者则不然。以谓同心同德者，周人所以兴；离心离德者，商人所以亡。刑赏生杀，足以整齐天下而不能塞异议之口，则非所以一道而同风俗。噫，古之所谓同心同德者，果谓是邪？唐氏之言，为王安石而发。其言虽无所归宿，要足以药执一之病矣。三王不相袭礼，五帝不相沿乐，是犹服色徽号之末耳。若忠质，文则其道也。刘原父不信此说，谓周未尝无质，殷未尝无忠，不知此非言具一而不兼也，乃兼之中有偏重也。孔子殷人而从周，又有反质反忠之意，未尝于三代有所是非也。太公治齐与周公治鲁，有尊尊亲亲之异。传者虽过其辞，要必有其事也。诸子之言性，则有深有浅，有是有非，不可谓为皆是。然而诸子之学，则道所兼包，虽不遍不该，而皆有所明，时有所用也。言各有当，于孔子答子游、子夏、孟懿子、武伯之问孝可见矣。推之于先圣后圣，尤可见也。孔子多言仁，因六艺已显其末，而特明其本也。曾子言孝，则承孔子之散言而纵贯其本末也。子思言中庸，又承曾子之纵贯而横正其界域也。孟子于三者皆不多言，而独多言善，则又承曾、思纵横之统而直露其要也。孔子浑言性，子思乃援天命以定之。孟子复注之以善，由浑而之析也。时不同则言异，旨不同则言异。若必同之，则将如韩愈所讥后皆指前相袭一律者矣。

《孟子》曰，禹、稷、颜回同道，异地则皆然。此位之异也。三代之异道，太公、周公之异治，孔子前后之异辞，孔、曾、思、孟之异言，皆时之异也。易时则皆然，是固似异而实非异也。乃有时同位同而仍不同者，如殷之三仁是也。故孔子曰："君子和而不同，小人同而不和。"和同之辨，晏子论之详矣。

夫殷三仁之事皆当也，以其事固有三道，而皆须为，故各行其一，其间固有前后矣，是亦犹孔子前后之不同耳，然则亦时也。和而不同者，亦其职与势之异，各有所当，然则亦位也，是亦似异而非异也。若孔门诸子之不同，则固非时位矣。心之异以气质，诸子之气质固有殊矣。曾子、子夏之讥子张，犹可曰其初也。子夏、子张论交之异，则非其初也。然犹可曰各举一端以言，非其所造之本异也。《孟子》论北宫黝似子夏，孟施舍似曾子，则所造异矣，然犹可曰，舍之守约高于黝，固有浅深之辨也。《孟子》又论子夏、子游、子张皆有圣人之一体，文行之教同而四科之长终异。则皆深造论定之词，而非可以扬抑者矣。

执同者将曰，此皆贤也，而非圣也。贤固不全，不可以为则也。则请进而论圣。《孟子》曰："伯夷，圣之清者也；伊尹，圣之任者也；柳下惠，圣之和者也。"夷、尹、柳下，《孟子》所论以为圣人者也，而乃不同如是。吕新吾曰："圣人不落气质，贤人不浑

122

厚，便直方便着了气质色相。"又曰："孔子是五行造身，两仪成性。其余圣人，得金气多者，则刚明果断；得木气多者，则朴素质直；得火气多者，则发扬奋迅；得水气多者，则明彻圆融；得土气多者，则镇静浑厚；得阳气多者，则光明轩豁；得阴气多者，则沉默精细。既有所限，虽造其极，终是一偏底圣人。此七子者，其言多不相合。所同者，大根本大节目耳。"又曰："尧、舜、禹、汤、文、周、孔，振古圣人，无一毫偏倚。然五行所钟，各有所厚，毕竟各人有各人气质，熟读经、史自见。若说天纵圣人，如太和元气流行，略不沾著一些四时之气，纯是德性用事，不落一毫气质，则六圣人须索一个气象，无毫发不同方是。"《吕氏》之言，前后相谬，而后说为精。其言亦有过者。一偏安得为圣人？圣人岂尚任气质？然其纯全之中，终有微异，则固不可得而掩也。仙之道期于五行和合，而仙终有五行之品；佛之道期于诸业皆空，而菩萨终有诸业之号。

必谓圣贤仙佛皆如长天一色，了无分别，固未可信也。夫成德者，比于乐，六律皆备五声，而调不同。若律中五声皆均一而无稍差，则亦无以成乐矣。

或曰，如子之言，则将终于异而已邪？道家之任不齐，诚大道也邪？曰，不然。凡有异者，固皆有同矣。若欲求其大同，则亦有之，特非墨家、法家之所谓耳。是何邪？曰，性。《孟子》曰："一乡之善士，斯友一乡之善士；一国之善士，斯友一国之善士；天下之善士，斯友天下之善士。以友天下之善士为未足，又尚论古之人。诵其诗，读其书，不知其人可乎？是以论其世也，是尚友也。"此孟子之学程也。吾先大父谓此章以善字为主，盖既有性善内外之功，又横友天下，取人之善以为己善，又纵友古之人，取古之善以为己善。友天下者，地之不同，一时之不同；友古人者，世之不同，百世之不同。纵之横之，精义之学也。《老子》曰："不出户知天下。"《礼运》曰："圣人能以天下为一家，中国为一人。"曾子曰："推而放诸东海而准，推而放诸西海而准，推而放诸南海而准，推而放诸北海而准。"《中庸》曰，征诸庶民，建诸天地而不悖。横之道尽也。孔子曰："殷因于夏，周因于殷，所损益可知。其或继周者，百世可知。"曾子曰："施之后世而无朝夕。"《中庸》曰："考诸三王而不缪，百世以俟圣人而不惑。"《吕氏春秋》曰："圣人上知千岁，下知千岁。"纵之道尽也。然皆由于性善。性善故能尽人物之性，而知先圣后圣之一揆。《礼运》曰："圣人能[耐]以天下为一家，中国为一人者，非意之也。必知其情，辟于其义，明于其利，达于其害[患]，然后能为之。何谓人情？喜、怒、哀、惧、爱、恶、欲。七者弗学而能。何谓人义？父慈、子孝、兄良、弟弟、夫义、妇听、长惠、幼顺、君仁、臣忠。十者谓之人义。讲信修睦，谓之人利。争夺相杀，谓之人患。故圣人所以治人七情，修十义，讲信修睦，尚辞让，去争夺，舍礼何以治之？饮食男女，人之大欲存焉；死亡贫苦，人之大恶存焉。故欲恶者，心之大端也。人藏其心，不可测度也。美恶皆在其心，不见其色也。欲一以穷之，舍礼何以哉？"此所举者，亦天下之大同也。因熏染之殊而谓性为诸品者，浅也。见礼俗之异而谓父子君臣为可无者，蔽也。趋时习之变怪而谓信睦不可行于今者，妄也。昧德智之轻重而谓竞争而人之道者，偏也。是故质异而性同，境异而情同，名异而义同，事异而利害同，此无间于远迩，无断于先后者也。

虽然，不知异者，不可以知同也。言人而至于性，犹言万物而至于天也。天积气也，一气之充，周无弗在。日月星辰皆天也，岂昭昭之多而已哉。日月星辰，固不足以尽天，然舍日月星辰，又何以见天哉。性者神也。一神之流行无弗在，作止语默皆神也，岂寂然之时而已哉。作止语默固不足以尽性，然舍作止语默，又何以见性哉。故曰，绝对者，因相对而见者也。子思曰：

"天命之谓性，率性之谓道，修道之谓教。"此言一而同也。吾欲释之曰，化质之谓性，化见之谓道，化俗之谓教。盖不知质之异，则无以调之而复本性；不知见之异，则无以正之而达大道；不知俗之异，则无以修之而成至教。且即以《礼运》所举言之，一于无违而成亲之恶，是得为知孝乎？尾生之抱柱而死，是得为知信利乎？互助论之资抗斗，是得为知争害乎？是故欲知同者，必先明异。不明异而欲明同，则其于同也必偏而不周，浅而不深。而其为言也，必窕而无当，高而不可循。故《易》终《未济》，而其《象》曰："君子以慎辨物居方。"

流 风

　　龚自珍曰："古人之世，倏而为今之世。今人之世，倏而为后之世。旋转簸荡而不已，万状而无状，万形而无形，风之本义也有然。"见《释风》。庄周曰："鸟日在风中而不知其为风，人日在道中而不知其为道。"董仲舒曰："阴阳二气之渐人，如水之渐鱼。"《易》曰："一阴一阳之谓道。"人之有作有为，固莫出风之外哉。庄周曰："大块噫气，其名为风，是惟无作，作则万窍怒号。"许慎曰，风生百虫。夫虫有五而人为之长。人有四而士为之长。作为莫大乎士，怒号莫大乎学术。风有源有流。源也者，吹之者也，有所为而然者也。流也者，受吹者也，不知其然而然者也。

　　章学诚曰，古者治教无二，官师合一。从事于学者，入而申其占毕，出而即见政教典章之行事。天下聪明范于一，故人心无越思。约《原道》《原学》语。此所谓一道而同风也。学诚又曰，羲、农、轩、颛之制作，法积美备，至唐、虞而尽善焉。殷因夏监，至成周而无憾焉。周公成文、武之德，以周道集古圣之成。孔子学周公而已矣。约《原道》语。夫孔子之传，惟子思、孟子得之。子思曰："仲尼祖述尧、舜，宪章文、武。"《孟子》曰，守先王之道，遵先王之道，言必称尧、舜。周道既衰，官失其守，诸子睹乱象而矫枉，蔽而不通，乃外周而立说。荀卿宗仲尼而非思、孟，知末而不知本，卑论以从时，则曰，法后王。以俭托于大禹者，墨翟也。以并耕托于神农者，许行也。其他术数方技依托古人者以百数，彼将与仲尼之祖述宪章相抗也。其时庄周已厌之矣。周之论诸子曰，古之道术有在于是者，诸子闻其风而悦之。非古之道术有异风也，诸子之自为风也。书数十篇，周所谓激者、谪者、叱者、吸者、叫

者、濠者、突者、咬者也。徒数百人，周所谓前者唱于
而随者唱喁也。儒分为八，墨分为三，道家高其心，辨
者逐于物，其稍有效者。法家之名实说，土之权谋耳。
秦据殽函之固，风之所不到，故其民朴。诸子中秦人止
尉缭一人。商鞅因之，舍王霸而取富强，驱民于耕战，
以傲杂流之虚辨，秦卒以力并天下。惩杂流而欲同其
风，焚书禁游士，以吏为师。然严酷之法，惟宜于秦，
刑名之术，不足以易天下。游士卒与豪杰起而踣之，兼
并易而坚凝难，荀卿之言信矣。汉兴，大臣犹秦吏也。
秦博士叔孙通因诸将争功而定朝仪，旨在尊君，其时阳
儒而阴法者，盖已多矣。故有司空城旦书之讥。窦后诋
儒者语。曹参、孝文以黄老之术安天下。孝景不肖，复
务刑名，先朝旧臣，以黄老之术保位，杂流之余归于诸
侯者不可以束，遂有吴、楚之乱。黄老刑名之不足杜杂
流见矣。赵绾、王臧，乃以儒术进于孝武而征申公。申
公见而言曰，为治不在多言，顾力行何如。力行非孝武

之本意也。绾、臧虽得罪，然竟崇六艺，黜百家，先罗文士，严、朱、吾丘之伦，讽议于朝，以箝大臣，皆曩之纵横变而为辞赋者也。天下士乃渐销其浮动之气，而收之不尽，或为淮南所用，淮南竟以反诛。而河间王以收召老儒，蒙宠礼焉。申公既罢，董仲舒亦不用，齐人公孙宏饰杂说而夸儒效，貌谨厚以希合，武帝知其无实，可假其名寿以劝穷儒也，拔置相位封侯。宏乃献广厉学官之策，增置博士弟子，课试补吏，于是天下之学统于经，士言通经致用，比遗经于籯金。《韦贤传》。视取青紫如拾芥，《桓荣传》较之秦法岂不工哉。而其季世张禹、孔光、马宫之伦，以大师委蛇权奸之间。王莽乘之，饰六艺以文奸，而朝士以经助成其篡，儒柔之讥，遂不免焉。夫学统于经，岂非同风之道哉。惜乎孝武有位而无德，失时而误后世。《语》曰："恶紫之夺朱"。此司马迁所以废书而三叹也。

　　汉之经生，抱残守缺，多衍阴阳术数。又虑上之不信经也，审谶于纬，表汉得天下之符，谓孔子为汉制法。其所谓法，不过制度章服之事，卒亦不用，仅稍助封禅而已。其后乃有古文经，而先立学官者排之。刘歆主古文，因附会而为莽佐命。后世艳称西汉通经致用，《三百篇》当谏书，《禹贡》行河，《春秋》断狱。然按其实，则当时引经断事，多引《春秋》，说近法家，此张汤所学也。倪宽以《尚书》附汤，而张禹以《论语》作模棱之辞，皆所谓缘饰吏事以经术《公孙宏传》者耳。效可睹矣，曾是以为经之用也欤？

光武中兴，莽臣张纯为之定礼。明帝兴学而尊桓荣。荣，贪禄之鄙儒耳。古文渐盛，亦有谶矣。致用之说衰，而考古之风起，专家之言少而博览之途开。自谷永、扬雄以来，儒与辞赋合，而文士始盛矣。然光武以柔治天下，处士重而高行多，至于桓、灵，阉竖浊乱，士标清议，于是有党人名士之风，过情矫异之行，论人者始不论功而论器。陈实、钟皓之伦，以宽厚长者称；

李膺、范滂之徒，以慷慨义士称。长者流为乡愿，而义士疏阔，不周世务。曹操窃柄，知清议之不与己，义士之无能，乡愿之易制也。杀孔融、祢衡而用华歆、王朗。及实之孙群、皓之孙繇，惩矫行而用名法，贵吏能以贱疏阔，其流至于晋初束湿之法，士不能安也。于是名士之余风变而为任诞雅量、清谈之排调，宗仰老、庄，与汉之黄老异。佛教适来，而和会之嵇康、阮籍、王弼、刘伶之徒有所为也，王衍、谢鲲无所为矣。士习偷逸，遂召胡难，中原名士，举族南渡。保半壁，历四朝，然其所以维持而弗坠，亦王导、谢安诸人之雅量也。南朝之学盛于北朝，礼、玄、文、史，皆臻精密。礼所以维士族之风，而文则南人之长。隋并江南，南学入北。唐初实承其余，玄衰文盛，丽辞之风极焉。太宗姿比汉武，定取士科目，自谓天下英雄入吾彀中。明皇加以诗赋，专以文取士。自是始终唐三百年，士无不致力于诗赋，而实学乃渐衰，儒效亦更希。士之企羡科第，至比为成佛。游而干泽者，挟卷以投试官，或乞食于藩帅。得第者则植徒党以自尊，而嫿婳骄侈以为常，游观声色以饰丽辞，丹诀禅宗以娱末路。故其亡也，大臣无足赖，而文士多为流寇所屠。士气之弱，实科目有以致之。太宗之得计者，乃其失计也欤？

晋、宋以来，学益繁碎。至唐中叶，人渐厌之，矫丽辞而为复古之说，经则更谈大义，理二汉之绪，亦粗及诸子，韩、柳之伦，著焉理学，古文始萌芽矣。宋初，丽辞之习未尽，其后议论始兴。欧阳修、刘敞之徒起，大义与古文渐有可观，然尚之粗略，未越荀、扬。至周、程诸子出，儒始明白具本末，而道、法二家之暗流，不能与相抗，晋以来之污俗始大涤焉。然其流亦益隘，以方圆博约之异复分为二。及于南渡，士愤而谈经济，又有重史学者，于是朱、陆、吕、叶乃角立而分门。复观于文，则科目重策论而加经义，上下行用制表诸作，皆骈四俪六之文。苏轼之《策论》盛行于时，而为四六者，资于博识，遂有辞科之学。策论之学迂而夸，辞科之学杂而泛。至于将亡，则策论琐刻，四六卑俗，与江湖诗人之寒酸同为弊习。而理学末流，亦剽言饰貌，与清谈并讥。大风起而沙砾随，其势然也。

宋初救五代之乱，抑武臣而扬文士，待之优厚，卒以兵弱辱于金、元。而儒者激昂喜言兵，虽空言无补，节义之盛，乃过东汉。至元入主，士风又变，色目人持权，士不能与争，则放浪于诗酒游观玩好之事。宋之南人工于辞，元之北人工于曲，皆偷逸之表也。北学本粗疏，金代止行苏学。元始定《四书》义取士之法，程、朱之学行而历年未久，无可观。明承元法，一宗朱氏，虽由佐命者承朱之传，亦以其足闲士心，愈于诗赋之浮，论策之夸也。由是士专力于八比，实学乃更衰于宋。宋儒议论虽多刻，而有诸子之风，考索虽无统，而能文献之守。明皆无之，而止承其隘。此又非学者所安也。于是反八家文之平衍而李、何兴，反朱派之琐隘而王氏兴。八家、朱派之流复与之争。其时又有山人杂技之风。李、何之徒，仅饰文而无博学之术，王学末流，复滥禅宗。数者相合，小品大盛，而实学乃荒。虽王学之风广大多容，而昧统类，无方法，终无所成。总明一代，实兼前代之风，科第之习，唐之类也；玩好之习，元之遗也。士受优礼与宋同，而骄侈过之；士之空疏少效与宋同，而激昂死节义过之。是岂经义取士之所致欤？抑理学之功欤？夫时文谓诗、赋、策论、四六、八比。之弊在于平世，至乱世则其弊显，士亦不复为所拘矣。故明将亡而学乃大盛，过于唐、宋之末。遗民之伏处者，以坚苦之行，治广博之术，承王学通广之风而矫其空幻，反宋学拘隘之习而用其谨密，成绩烂焉。有清主中国，沿明之法，贰臣在位，英主继出，士伤于明之摧辱，循分习故，不得大有作为。王学既弊，朱学复兴，于是通广之风衰而谨密之风存。达官多奉朱学，流为乡愿。不达者则用其力于考征，标汉为帜，反宋之论群经诸史六书九数，家家自以为许、郑，人人自以为贾、孔。吴、越华士，亦复泛滥短书，掇拾故事以相矜尚。世皆知汉学矫宋，清学矫明，而不知其因固非一端，龚自珍所谓借琐耗奇者，特其一耳。考征风盛，复为利禄之途，理学乃衰而行谊杀矣。桐城儒生，独守五子八家之说。粤寇之乱，其徒主兵有功，或遂归咎乱端于汉学，亦如昔之以明亡归咎于王学焉。然汉学卒不能绝考征之法，既明其流，益广四部群书。校文订义，册籍之学，自汉以来，未有如斯之盛者也。博而寡要，物极必反，汉学以经为表，既明训诂，乃求家法，于是有今文之学，专宗西汉，以微言大义相尚。嘉、道之间，平久而窳，士忿夸毗，始谈经济。是二流者，乃兼取宋儒。而考证之末，则版本金石，流为玩好，无殊明之山人。属遭外侮，朝野纷纷言富强。异域之学，乘间而至，中国之诸子已陈，而异域之诸子方起。当考据之盛，经、史、集部搜剔将尽，已稍稍治诸子书，犹不敢昌其义。自汉以来，谈经济者阳尊儒道而阴迁之，杂采管、商、荀、韩之术，固已久矣。尧、舜、禹、汤、文、武、周、孔之道，本既不见，末亦将穷。天下之士，谓圣人之道亦若是则已矣。四部之学无用明矣，四部之书皆已陈矣，独诸子遗说，异域之术为新耳。乃举汉、唐以来之合一者而裂之，举尧、舜以来之相传者而弃之。《易》曰："履霜，坚冰至。"此之谓也。

今夫风温而春，风凉而秋，寒暑之相代，八风之相乘也。风之起也，或在上，或在下，无异也。大同于三代，其风自上；大分于七国，其风自下。自汉而后，上之风之者日弱，下不尽从而自为风。自隋而上，学不专于文，其相乘则缓与急。自唐而下，学偏于文，其相乘则虚与实。秦急而汉缓之，魏急而晋缓之。黄老刑名之相乘也，司马迁以老子、韩非为一传，盖知之矣。一张一弛，唐以下无不然也。唐初实而中虚之，宋、明虚而有清实之，程、朱实而陆、王虚，考据实而今文虚，即文艺亦二者相代。昔孙奇逢述张逢元语曰，晦翁殁而天下之实病当泻，姚江殁而天下之虚病当补。阮元以考据倡于浙，章学诚曰，吾浙患虚损，阮公进以十全大补之剂。江南方患停满，如得槟榔枳实，当更有进。《信摭》。夏葛而冬裘，冬汤而夏水，几以云救剂也。大哉孔子，百世可知也。孔子曰："学而不思则罔，思而不学则殆。"思也者虚也，学也者实也。虚实之分，生于质之狂狷，而著于态之方圆。实之美，严整而审谛，其弊入而不能出，其失也愚；虚之美，圆通而微约，其弊出而不能入，其失也荡。愚者信故而荡者喜新。程、朱之徒，远希孔、孟，虽新而实故也；战国诸子，上援古帝，虽故而实新也。市有物焉，废不尚久矣，所尚又厌，市者饰之以号于众曰，此新物也。人争趋之。今日之朝，非昨日之朝也，而今朝之日犹昨朝之日也。孔子曰，以思无益，不如学也。章学诚曰，诸子百家起于思而不学，信夫。终亦必殆而已矣。夫罔者拘瞀也，殆者危跆也。拘瞀可以苟安，危跆则乱不极不止。《老子》曰："民之难治，以其智多。"多智不可以久欺。闭孺子于室中，慰以果饵，彼见窗牖之丽廖也，必谓室外多可嬉，毁户而出，跳荡而踣，然后知室中之安已无及矣。夫不修其自然当然而欺以不必然，今之荡者，非秦、汉、唐之君罔之而致然邪？《孟子》曰："夫道一而已矣。"一者何？性善也。性不明而道晦，道晦而学末，学末而各道其道。东隧有风焉，西隧有风焉，南隧北隧有风焉，夫孰能中焉而不动也？哀哉。

流风附记

甚矣，士之难治也！纵之则妄作以成乱，束之则卑鄙而不可赖。刑名之治，才士多而节士少，西汉与曹魏是也。节士多又不济事，东汉、南宋、明是也。安之以黄老之术又久而疲懦，晋、唐、北宋是也。凡一代之中，中叶以前为一象，以后为一象。前一时由乱至平，偾极而疲。后一时疲极而偾，此民气之常，不独士也。故衰世之学，较盛世为有生气；衰世之言，较盛世为有价值。然世则已乱矣。凡学术之特出者多起于衰世，然一盛行于时，或在承平之世，则又变而为庸滥肤浅之物矣。

自汉以来，上下宗儒者千数百年，如按其实，则非真也。治术惟缓急两端相乘，英君谊辟所用，非道家即法家。汉高、汉宣、明祖皆刑名。汉文、光武、宋太祖皆黄老也。惟汉武帝、唐太宗乃假儒术。武帝之伪儒，人皆诋之。太宗则儒者所称，然实虚言多而实效少，且其根本已谬，于儒术不相容。二人实创科举之制。士之不毁孔、孟者，徒以科举故，而阳尊阴叛，儒道卒不明者，亦以科举故。二人者，功之首罪之魁也。科举一废，孔、孟遂为毁端，此无足怪也，欺人之术露而久蓄之疑发也。疑乃伪之所致，伪破则真将显，然儒之失真则已久矣。儒于九流道最高，而失真亦最早，分派最多，蒙诟最甚。孔门诸子已各不同，不及数传，遂有八儒，若虞卿、鲁连之徒，竟止几微似孔子而已，虽思、孟弗能统。荀卿已有贱儒、俗儒、小儒之目，不待他家之排诋也。然如世硕公孙尼辈，虽已失真，而尚言存养。至荀卿矫空道《诗》《书》之弊而归于《礼》，始与道家相绝而为法家之导，此实为儒失真之第一因。汉承秦俗，阳儒阴法，经师承荀之传，守文者有荀之谨而失荀之大，是为拘儒。树义者多兼法家，是为杂儒。又有博杂无旨，徒供文辞者为文儒，扬子云为之魁，始昌言衷于一圣而其学不深。南朝和会老、庄，知用力于本原，稍胜汉世之粗。然能深而不能大，亦不免于拘杂。中唐至北宋诸人，所见不出荀、扬范围，尤与扬近，而枵弥甚，是可谓之夸儒。宋周、程诸子出，始能精深，过于南朝，几得之矣。然有一大失焉，则排道家是也。自汉以来，儒之成家，往往兼道，虽未真得合一之道，犹羁縻弗绝。宋诸公所以突过前人者，实资于道家。顾乃极排之不与通，故其流益狭隘不能容异，得儒之严而失儒之大，是可谓之褊儒。明儒承宋益精，又矫宋而趋于通广，又有进矣，然亦失之枵夸。近世又反之，则徒以考据，益无与于儒术。其谈微言大义者，亦不过反于西汉而已。凡拘杂媚文夸褊诸病，以真者论之，皆不免于伪。至于达者之希世保位，穷者之随风慕禄，则一谓之俗儒而已。盖儒之为道，在公与中，中则难求，公则易滥。儒行凡十三条，孔子无所成名，不似他家之义小而显，故常有模糊之状。苟以儒家宗旨安在问古今学人，吾知其必罕能为简明之言以答也。此非独根本未明之咎也，末亦有失焉。今欲明真儒，当一方明精微之本，一方通广大之末。道家本吾兄弟，存吾道之一半者也，当合之。法家乃吾篡贼，使吾道蒙冤者也，当斥之。

图书在版编目（CIP）数据

中书 / 刘咸炘著. — 成都：四川文艺出版社，2020.11
（旧书新觉）
ISBN 978-7-5411-5590-1

Ⅰ.①中… Ⅱ.①刘… Ⅲ.①哲学—研究—中国Ⅳ.①B2

中国版本图书馆CIP数据核字（2020）第081652号

ZHONG SHU
中　书

刘咸炘　著

出 品 人　张庆宁
责任编辑　燕啸波
封面设计　叶　茂
内文设计　史小燕
责任校对　段　敏
责任印制　崔　娜

出版发行　四川文艺出版社（成都市槐树街2号）
网　　址　www.scwys.com
电　　话　028-86259287（发行部）　028-86259303（编辑部）
传　　真　028-86259306

邮购地址　成都市槐树街2号四川文艺出版社邮购部　610031
排　　版　四川最近文化传播有限公司
印　　刷　成都东江印务有限公司
成品尺寸　130mm×185mm　　　　开　　本　32开
印　　张　4.75　　　　　　　　　字　　数　70千
版　　次　2020年11月第一版　　印　　次　2020年11月第一次印刷
书　　号　ISBN978-7-5411-5590-1
定　　价　42.00元